# 도시와 시골의 학교 교육

## - 기회 격차 연구 -

# 도시와 시골의 학교 교육

## - 기회 격차 연구 -

오성배 著

한국학술정보(주)

# 머 리 말

이 책은 저자의 박사학위논문을 수정하여 발간하는 것이다. 출판사의 연락과 방문으로 출판의 제안이 이루어지고 고민 끝에 책을 내게 되었다. 그러나 이 책은 연구의 결론이 아니라 시작임을 먼저 밝혀둔다.

교육사회학 분야 연구에서 교육의 기회는 매우 중요한 화두이다. 신분제 사회가 붕괴된 이후에 외형적으로는 모두에게 교육의 기회가 균등하게 배분되고 있는 것으로 인식되고 있으나, 현재에도 교육의 기회에 대한 논란은 끊이지 않고 있다. 전통적인 측면에서 교육의 기회에 대한 연구의 대상은 사회경제적 배경, 특히 부모의 경제적 수준에 따른 자녀의 교육 기회 형평성에 초점을 맞추고 있었다. 차츰 교육 기회 균등의 대상에 대한 시각이 확장되어 여성, 장애우, 중소도시와 시골 지역, 다문화 가정의 교육기회에 대한 연구도 진행되고 있다.

저자는 도시와 시골 지역 사이의 교육기회 배분 과정에 주목하였다. 교육기회 배분의 과정을 확인하기 위하여 우선 교육격차의 실태를 분석하였다. 그리고 격차의 원인을 도시와 시골 사이의 가정배경의 차이, 교육환경의 격차, 시골 지역 학생의 도시 지역으로의 이동 등으로 설명하였다. 격차의 심화로 나타나는 문제들도 확인하였다. 연구의 출발은 분단된 좁은 땅에서 수도권으로 경제·문화 등과 더불어 교육도 집중되고, 이에 따라서 인구도 집중되는 상황에 대한 문제의식에서 비롯되었다. 소외 지역은 갈수록 격차의 누적과 상대적 박탈감에 따른 인구의 감소로 이른바 '사막화' 현상이 나타나기도 하는 실정이다. 이러한 논리적인 이유와 별개로 섬에서 태어나고 성장하여 대학 입학의 과정에야 뭍 땅을 밟아본 입장에서 지역의 교육격차와 기회에 대한 관심은 자연스러운 것인지도 모르겠다.

교육의 기회와 관련된 연구는 대상이 누구이든 배분 방식에 대한 논란과 기회 배분 정도의 경계 모호성 때문에 논란이 지속되기도 하지만, 그것이 연구자의 관심을 빨아들이는 매력이기도 하다. 그래서 앞으로 이 분야의 연구를 지속해 볼 작정이다. 이제 공부를 갓 시작하는 초연자의 발칙한 열정이 후속연구의 생산으로 발산되도록 매진할 작정이다.

어리석은 동학(童學)이 쓴 글이라 부족함이 책의 지천에 널려있다. 연구의 시작이기에 용서받을 수 있을 것이라 자위하면서도 더 나아지도록 노력할 것이라 다짐해 본다.

이 책이 완성되는 데 도움을 주신 선생님들과 동학(同學)들에게 감사드린다. 특히 이 글을 쓰는 기회를 빌어서 인생의 모든 면에서 참 스승이신 강태중 선생님께 감사의 인사를 드린다. 연구의 시작을 알리는 이 책 또한 스승의 가르침에서 비롯되었음은 자명하다. 머지 않은 미래에 스승님께 감히 헌정하는 글이 생산되도록 노력하는 제자가 되어 볼 것이다. 스승께서 저서를 발간하지 않은 상태에서 제자가 먼저 발간하는 것이 도리가 아님으로 고사하였으나 스승의 뜻 또한 완강하셔서 이 책을 내는 것이 송구스러울 따름이다.

2006년 11월
서라벌홀 415호 연구실에서

# 목 차

# 표 목차

# 그림 목차

# I. 서 론

학생들의 학업성취도는 지역에 따라 다르다. 한국교육과정평가원의 '국가 수준 학업성취도 평가 연구'의 결과는 이러한 사실을 보여준다. 대체적으로 도시 지역이 시골 지역에 비하여 학생들의 학업성취도가 높게 나타난다. 이와 같은 학업성취도 격차의 실태는 해마다 보고되고 있다(한국교육과정평가원, 1993-2002). 그러나 도시 지역과 시골 지역 사이에 이러한 격차가 존재하는 이유에 대해서는 분석과 설명이 미흡하였다.

국내 연구에서 지역에 따른 학업성취도의 차이는 주로 '교육 기회'와 관련된 연구의 한 부분으로 다루어져 왔다. 교육 기회와 관련된 논의 가운데 '계층', '성'과 같은 주제에 비하여 '지역'에 대한 설명은 많지 않다(한국교육과정평가원, 1993-2002: 강태중, 2002: 윤종혁 외, 2003 등). 그리고 그 설명조차도 대부분 지역 사이에 존재하는 격차의 실태를 보고하는 수준에 그치고 있다.

따라서 이러한 수준에서 나아가 학업성취도가 지역에 따라 다르게 나타나는 이유를 탐색하고 설명할 필요가 있다.

지역 사이의 학업성취도 격차의 원인으로 논의될 수 있는 것은 대체적으로 다음 세 가지 측면이다.

첫째, 지역 간 가정배경의 차이에 따른 학업성취도의 격차이다.

가정배경, 특히 부모의 학력과 직업의 수준은 자녀의 학업성취도에 영향을 미치는 것으로 알려져 있다. 지역에 따라서 거주하는 학생들의 가정배경 수준이 다르다면, 학생들이 거주하는 지역 사이에 학업성취도 격차가 나타날 수 있다. 거주 인구의 학력, 직업, 소득을 살펴보면 도시 지역의 가구들이 시골 지역의 가구들보다 평균적으로 높은 수준의 사회경제적 지위를 차지하고 있다. 이러한 차이 때문에 도시 지역 학생들의 학업성취도가 시골 지역 학생들의 학업성취도보다 높게 나타날 수 있다. 지역 사이의 학업성취도 격차의 원인에 대한 이러한 논의는 지역의 영향력에 대한 논의이기보다 가정배경의 영향력을 고려하는 계층 간 학업성취도 격차와 관련된 논의라고 할 수 있다.

둘째, 지역사회 교육 환경의 차이에 따른 학업성취도의 격차이다.

학생들이 거주하는 지역에 따라서 학교의 환경 또는 지역의 교육 환경이 다르다면, 이로 인하여 학업성취도의 차이가 나타날 수 있다. 이른바 지역의 학교가 가지고 있는 '학교효과'가 존재하거나, 이를 확대하여 지역의 전반적인 교육 환경의 효과가 존재한다고 판단할 수 있다. 이는 다른 지역에 비하여 교육 환경이 좋은 지역의 학생들이 높은 학업성취도를 나타낼 것이라고 보는 것이다. 이러한 맥락에서 도시 지역이 시골 지역보다 학교나 사교육 시설 등에 있어서 좋은 교육 환경을 가지고 있기 때문에 도시 지역 학생들의 학업성취도가 시골 지역 학생들의 학업성취도보다 높게 나타난다는 설명이 가능하다. 이러한 논의는 학업성취도에 있어서 계층 간 격차 문제에서 벗어나 지역 자체의 영향력을 중심에 둔 설명이라 할 수 있다.

셋째, 학생들의 이동에 따른 지역 사이의 학업성취도 격차이다.

대도시, 중소 도시, 시골(읍·면) 지역 학생들의 학업성취도 격차는 위의 두 가지 원인만으로는 설명이 어렵다. 특히 중소 도시 지역 학생들의 학업성취도 추이가 그렇다. 초등학교 단계에서 시골(읍·면) 지역과 중소 도시 지역 학생들의 학업성취도는 큰 차이가 없지만, 고등학교 단계로 학교 급이 올라갈수록 학업성취도 격차가 커지는 양상이다. 중소 도시와 대도시 학생의 학업성취도 격차의 경우,

초등학교와 중학교 단계에서는 대도시가 조금 높은 경향을 보이고,
고등학교 단계에서는 중소 도시가 높은 경향을 보인다. 학교 급이
올라가면서 중소 도시 지역 학생들의 학업성취도가 다른 지역 학생
들의 학업성취도에 비하여 크게 향상되고 있는 것이다(한국교육과정
평가원, 1993-2003 참조).

이러한 현상을 앞에서 언급한 논의의 관점으로 해석한다면, 중소
도시 학생들의 가정배경 수준이 대도시보다 높거나, 중소 도시 지역
의 교육 환경이 대도시보다 좋다는 해석이 가능하여야 할 것이다.
그러나 실제로 그러한지에 대해서는 쉽게 긍정하기 어렵다.

여기에서 학생 이동의 문제가 제기될 수 있다.[1] 학교 급이 올라감
에 따라 시골(읍·면) 지역에 있던 우수한 학생들이 중소 도시 지역
으로 이동하기 때문에 도시와 시골 지역 사이의 학생 구성이 달라질
수 있다. 이로 인하여 시골(읍·면) 지역 학생들의 학업성취도는 상
대적으로 낮아지고, 중소 도시 지역 학생들의 학업성취도는 상대적
으로 높아질 수 있다. 이 과정에서 중소 도시 지역 학생들의 학업성
취도는 학교 급이 올라갈수록 대도시 지역 학생들의 학업성취도에
가까워지고 때로는 대도시 지역의 학생들보다 높은 학업성취도를 보
이는 것이라고 추론할 수 있다.

앞서 설명한 '가정배경의 차이'나 '지역사회 교육 환경의 차이' 요
인은 학생이 처한 환경이 학업성취도에 얼마나 영향을 미치는가에
대한 설명이다. 여기에서 학생들은 주어진 환경을 소극적으로 수용
하기만 하는 수동적인 존재로 설명된다. 그러나 세 번째로 설명한
'학생 이동' 요인은 학생들이 적극적이고 능동적으로 주어진 환경에
서 벗어남으로써 학업성취도가 달라진다는 설명이다.

---

1) 강태중(2002)은 지역 간 교육기회 배분의 불균등을 설명하면서 지역 간
   학업성취도 격차의 원인 중 하나로 '학생 이동'의 가능성을 언급하였다.

이 연구의 목적은 지역 사이에 존재하는 학업성취도 격차의 원인을 확인하는 것으로, 앞에 언급된 세 가지 설명을 실증적으로 검토하는 것이다. 그리고 지역 학업성취도 격차의 원인과 결과가 지역사회의 교육 환경에 어떠한 영향을 미치는지를 설명하려고 한다. 우선 가정배경을 통제한 후 도시 지역과 시골 지역 사이의 중·고등학교 학생들의 학업성취도 격차를 확인할 것이다. 그리고 가정 배경 통제 후에도 지역 사이에 학업성취도 격차가 나타난다면, 그 원인을 앞서 살펴본 요인에 초점을 맞추어 분석할 것이다. 즉 '지역사회 교육 환경의 차이'와 '학생 이동'이 학업성취도 격차에 영향을 미치는지를 확인할 것이다. 그리고 학업성취도의 격차가 지역사회 특히 시골 지역의 교육 환경에 미치는 영향을 분석할 것이다.

이 연구는 학업성취도 격차에 영향을 미치는 세 가지 요인을 함께 다루기 위하여 중소 도시 지역과 중소 도시 주변 시골(읍·면) 지역을 대상으로 분석하려고 한다. 앞서 설명하였듯이 중소 도시의 학업성취도가 학교 급이 올라갈수록 높게 나타나는 특이한 현상을 보여 주기 때문이다.

이를 위하여 학령인구의 이동 실태를 보이는 인접 지역이면서 고교 평준화 해제 지역으로 진학이동이 자유로운 목포시와 무안군·영암군·해남군을 연구 대상 지역으로 선정하였다. 그리고 학업성취도와 가정배경, 교육 환경, 진학이동의 관계를 확인하기 위하여 중학교와 고등학교 학생들의 학업성취도, 부모의 학력과 직업, 지역의 교육 환경 실태, 출신 지역과 진학 지역 등을 분석하였다. 그리고 학업성취도 격차의 원인과 결과가 지역사회의 교육 환경에 미치는 영향을 확인하기 위하여 지역의 교육 관련 통계자료를 수집하고 그 변화 추이를 분석하였으며, 교육 관련 구성원들을 대상으로 면담을 진행하였다.

이 연구에서는 대도시 지역을 연구대상 지역에서 제외하였다. 그러나 도시 지역인 중소 도시와 시골 지역인 읍·면 사이의 학업성취도 격차의 원인에 대한 설명은 대도시 지역과 다른 지역 사이에 존재하는 학업성취도 격차에 대해서도 많은 시사점을 줄 것이라 판단된다.

# Ⅱ. 연구관점 : 교육기회와 지역

사회 구성원들에게 지역사회의 영향력은 매우 크다. 교육에 있어
서도 지역의 영향력 때문에 개인이 어느 지역에 거주하고 있는가에
따라 누릴 수 있는 교육의 기회가 달라질 수 있다. 여기에서는 교육
기회 배분의 결과로 나타나는 학업성취도의 격차가 도시와 시골 지
역 사이에 존재하는지, 또한 그 격차의 원인으로 추정할 수 있는 요
인들은 무엇인지를 관련 연구와 자료들을 통하여 설명하려고 한다.
그리고 지역 사이의 학업성취도 격차가 지역에 어떠한 영향을 미치
는지에 대한 이론적 논의를 진행할 것이다.


## 1. 지역 간 학업성취도의 격차

지역에 따른 학업성취도의 격차를 설명하는 국내 연구는 학생들의
학업성취도 수준이 집단에 따라 어떻게 다른가를 보여주면서 지역
간의 격차를 서술한 연구(김신일, 2003), 집단 간의 매년 국가 수준
학업성취도의 평가내용을 도시화 정도별로 설명하는 연구(한국교육
과정평가원, 1993-2002), 지리적 행정권역과 도시화 정도별 행정구역
에 따른 학업성취도의 차이를 설명한 연구(강태중, 2002), 고교 평준
화 실시지역·고교 평준화 해제지역 간 학업성취도를 비교한 연구
(윤종혁 외, 2003[2]) 등이 있다.

---

2) 이 연구는 도시화 정도에 따른 지역 간 학업성취도의 격차를 설명한 것
   이 아니라, 고교 입시 평준화 지역과 비평준화 지역 간의 학업성취도

김신일(2003)은 도시와 농촌 사이에 학업성취도 격차가 드러나고 있으며, 과거에 비하여 그 격차의 폭은 많이 줄어들었다고 설명한다. 그럼에도 불구하고, 학년이 높아감에 따라 지역 간의 격차는 더 커지고 있음을 강조한다. 여전히 지역 간 학업성취도의 격차가 나타나고 있다는 것이다. 그러나 그 원인에 대해서는 뚜렷하게 제시하지 않고 있다.

전국을 대상으로 지역 간 학업성취도의 격차를 설명해 주고 있는 대표적인 연구는 한국교육과정평가원(1993-2002)의 연구를 들 수 있다. 이 연구는 매년 국가 수준 학업성취도를 평가하여 행정구역별, 성별, 도시화 정도별 등으로 분류하여 초·중·고등학교 학생들의 학업성취 실태를 설명하고 있다.

한국교육과정평가원의 연구 결과 중 도시화 정도에 따른 분석 내용을 살펴보면, 대체적으로 중소 도시의 학업성취도가 서울시, 광역시와 비슷하거나 오히려 높게 나타나고 있다. 읍·면 지역의 경우 중소 도시나 대도시와 비교할 때, 초등학교 단계에서는 학업성취도의 차이가 크게 나타나지 않으나, 학교 급이 올라갈수록 학업성취도의 격차가 극심하게 벌어진다. 한국교육과정평가원에서 실시한 국가 수준 학업성취도의 도시화 정도별 추이를 보여주는 내용은 〈표 Ⅱ-1〉과 같다.

---

격차를 설명하고 있다.

〈표 II-1〉 도시화 정도별 국가 수준 학업성취도 추이

| 구 분 | 초등학교 | | | | 중학교 | | | | 고등학교 | | | |
|---|---|---|---|---|---|---|---|---|---|---|---|---|
| | 서울시 | 광역시 | 중소도시 | 읍·면 | 서울시 | 광역시 | 중소도시 | 읍·면 | 서울시 | 광역시 | 중소도시 | 읍·면 |
| 1993 | 71.07 | | 68.91 | 63.25 | 60.20 | | 57.45 | 50.63 | 47.88 | | 46.50 | 30.04 |
| 1994 | 45.83 | | 47.27 | 45.40 | 50.15 | | 49.58 | 42.40 | 47.13 | | 51.38 | 35.92 |
| 1995 | 69.32 | | 68.16 | 65.17 | 51.25 | | 52.91 | 44.46 | 48.34 | | 48.38 | |
| 1998 | 67.60 | | 66.26 | | 60.58 | | 58.57 | | 56.50 | | 61.59 | |
| 2000 | 69.80 | 68.00 | 65.90 | 61.30 | 48.83 | 49.09 | 47.85 | 44.99 | 52.09 | 48.74 | 57.89 | 38.21 |
| 2001 | 64.86 | 67.07 | 66.29 | 62.92 | 48.70 | 49.90 | 49.22 | 42.86 | 55.10 | 52.86 | 52.32 | 41.12 |
| 2002 | 67.52 | | 68.44 | 63.67 | 46.86 | | 46.10 | 42.97 | 45.18 | | 45.72 | 30.84 |

* 자료: 한국교육과정평가원(1993-2002). 국가 수준 학업성취도 평가연구.
* 한국교육과정평가원에서는 국가 수준 교육 성취도 평가 연구를 매년 순차적으로 추진하고 있다. 이전에는 산발적으로 실시되다가 국립교육평가원에서 1988년부터 매년 실시하였으면, 한국교육과정평가원에서 설립 원년인 1998년부터 실시하고 있다.
* 1993-1994년은 학업성취도를 대도시 / 중소 도시 / 농어촌지역으로 분류하였다. 1995년은 초중학교는 대도시 / 중소 도시 / 농어촌으로 분류하였으며, 1998년에는 대도시와 일반 도시로만 분류하였다. 2002년에는 대도시 / 중소 도시 / 읍·면 지역으로 분류하였다.
* 1996년, 1997년 지역별 학업성취도는 공개하지 않았다. 1999년에는 예비검사만 실시하고 학업성취도를 공개하지 않았다.

〈표 II-1〉의 도시화 정도별 학업성취도의 추이를 살펴보면, 전반적으로 초등학교 단계에서 지역 간 학업성취도 격차는 크지 않거나 서울·광역시 지역의 학업성취도가 높은 것(1993, 1995, 1998, 2000년도)으로 나타난다. 그러나 학교 급이 올라갈수록 시 지역의 학업성취도와 서울·광역시 지역의 학업성취도의 격차가 줄어든다. 그리고 고등학교 단계에서는 시 지역의 학업성취도가 더 높게 나타난 해(1994, 1995, 1998, 2000, 2002년도)가 서울·광역시 지역이 높게 나타난 해(1993, 2001년도)보다 더 많다.

그러나 읍·면 지역의 경우, 모든 학교 급에서 학업성취도가 서울·광역시 지역, 시 지역에 비하여 낮게 나타나고 있다. 특히 읍·면 지역과 다른 도시 지역 사이의 학업성취도 격차는 초등학교나 중

학교 단계에 비하여 고등학교 단계에서 현격한 차이가 나타나는 것
으로 보인다. 〈그림 Ⅱ-1〉은 도시화 정도별 지역 간 고등학교의 학
업성취도 격차를 보여준다.

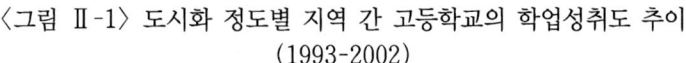

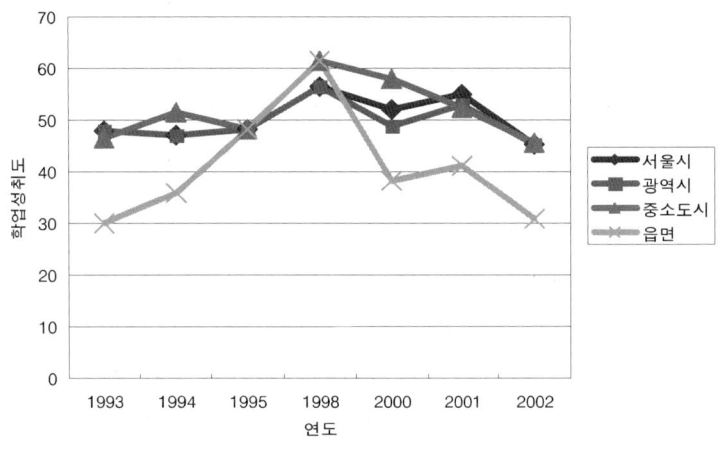

〈그림 Ⅱ-1〉 도시화 정도별 지역 간 고등학교의 학업성취도 추이
(1993-2002)

* 1993-1994년은 학업성취도를 대도시 / 중소 도시 / 농어촌지역으로 분류
  하였다. 1995년은 초·중학교는 대도시 / 중소 도시 / 농어촌으로 분류하
  였으며, 1998년에는 대도시와 일반 도시로만 분류하였다. 2002년에는 대
  도시 / 중소 도시 / 읍·면 지역으로 분류하였다.

〈그림 Ⅱ-1〉을 살펴보면, 읍·면 지역의 학업성취도가 현격하게
다른 지역에 비하여 뒤떨어짐을 확인할 수 있다. 반면에 도시화 정
도가 서울·광역시에 대비하여 읍·면 지역과 크게 차이가 나지 않
는 시 지역의 학업성취도는 서울·광역시 지역과 비슷하거나 오히려
높게 나타나고 있으며, 읍·면 지역과는 현격한 격차를 보이고 있다.
  이상의 자료와 분석내용에는 지역에 따른 성과의 차이 외에 학생
구성상의 차이도 반영되어 있다. 따라서 지역 간 학업성취도의 차이

가 각기 다른 지역의 학교를 다님으로써 나타나는 것인지, 지역에 따라 개인적 특성이나 배경이 비슷한 학생들이 편포되어 있기 때문에 나타난 것인지를 확인하기 어렵다.

편포된 가정배경의 수준에 의해서 지역 간 학업성취도의 격차가 나타나는 것이라면 그것은 지역 간 차이라기보다는 계층 간 차이로 해석되어야 할 것이다. 따라서 비슷한 가정배경과 개인적 특성을 가지고 있다 하더라도 거주하는 지역에 따라 학업성취도가 다르게 나타날 수 있는지 확인할 필요가 있다.

강태중(2002)은 지역별 학생들의 특성과 배경[3] 차이를 통제한 후 도시화 정도별 학업성취도를 비교하였다.

〈표 Ⅱ-2〉는 읍·면 범주를 기준으로 하고 나머지 범주들은 더미 변인으로 하여 각 지역의 평균 성취도와 읍·면 지역의 평균 성취도의 차이를 비교하여준다. 즉, 개인 특성이나 가정 배경이 비슷한 학생들의 학업성취도가 지역에 따라 차이가 있는지에 대해 실제 점수로 추정해준다.

〈표 Ⅱ-2〉는 읍·면 지역이 일관되게 다른 지역에 비하여 뒤지고 있는 현상을 분명히 보여주고 있다. 또한 초등학교나 중학교에서 보였던 2점 이하의 차이가 고등학교에서는 최대 6점 이상으로 확대되고 있다. 이는 학교 급이 올라갈수록 읍·면 지역의 학업성취도가 다른 지역에 비하여 더욱 뒤떨어지고 있음을 보여준다. 반면에 시 지역의 학업성취도는 학교 급이 올라갈수록 다른 지역에 비하여 상승폭이 높아지고 고등학교 단계에서는 다른 지역에 비하여 훨씬 높게 나타난다. 특히 대학진학을 주된 목적으로 하는 일반계 고등학교의 격차는 더욱 크게 벌어진다.

---

3) 강태중은 학생의 개인적 특성과 배경 변인을 성, 아버지 학력, 월 소득, 자녀 학교생활에 대한 부모의 관심, 학원 시간, 수학 선호도로 분류하였다.

〈표 Ⅱ-2〉 지역별 학생 요인의 차이를 통제한 후 성취도 차이 비교:
도시화 정도에 따른 지역 구분에서 학교 급별 비교[4]

| 구 분 | 초등학교 | 중학교 | 고등학교(일반계고) |
|---|---|---|---|
| 서 울 | 2.014** | 0.805 | 3.872** (3.440**) |
| 광역시 | 1.595** | 1.427** | 2.826** (3.854**) |
| 시 | 0.829 | 1.156** | 6.243** (6.929**) |
| 읍·면 | 0(기준) | 0(기준) | 0(기준) |

** p < .01
* 자료: 강태중(2002). 교육불평등 완화방안 탐색 정책연구. 국회 교육위원회.

요컨대, 다른 지역에 비하여 읍·면 지역이 성취로서의 기회를 상
대적으로 열악하게 누리고 있는 것으로 판단되며, 시 지역이 가장
좋은 교육 기회를 누리고 있는 것으로 보인다. 이러한 지역 간 차이
는 학생들의 배경이나 특성 차이를 통제한 이후에도 나타나는 것이
라는 점에서, 지역 자체의 영향으로 인한 학업성취도의 격차 가능성
을 더욱 확실하게 시사하는 것으로 이해할 수 있다.

이처럼 학생의 가정배경을 통제하였음에도 지역 간 학업성취도의
격차는 앞서 살펴본 한국교육과정평가원의 연구(1993-2002) 내용과
크게 다르지 않았다. 특히 학생의 가정배경을 감안하였어도 서울과
광역시의 증가폭에 비하여 시 지역의 학업성취도가 고등학교 단계에
서 급격히 높아지고 있는 것에 대하여 주목할 필요가 있다. 반면에

---

4) 통계치는 공변량 분석 모형에서 각 변인의 회귀 계수를 추정하였을 때,
고정 요인으로 주목하였던 지역 변인에 대하여 얻은 회귀 계수들이다.
지역 변인은 명목 수준의 변인이었으므로 전체 범주 수에서 하나를 뺀
수만큼의 더미 변인을 만들어 회귀 계수를 추정하게 되는데, 마지막
범주인 읍·면 범주를 기준으로 하여 나머지 범주들에 대하여 그 더미
변인들이 만들어졌다. 따라서 통계치들은 평균 성취도에서 각 지역이
읍·면 지역과 비교되는 차이('해당 지역-읍·면 지역'의 추정 값)를
보여준다(강태중, 2002: 102).

상대적으로 읍·면 지역의 학업성취도는 학교 급이 올라갈수록 서울·광역시, 시 지역과의 격차가 벌어지는 상황이었다.

이와 같이, 도시화 정도에 있어서 대도시와 비교하여 읍·면 지역과 큰 격차가 나지 않는 중소 도시가 학업성취도에 있어서는 읍·면 지역과 큰 격차가 나타나는 것으로 보인다.

이러한 현상은 다른 통계자료를 통해서도 확인할 수 있다. 도시화 정도에 따른 대학 진학률의 실태를 한국교육개발원의 교육통계자료 (1998-2003)를 토대로 재분석한 결과, 시 지역이 읍·면 지역은 물론 대도시(서울·광역시) 지역보다도 4년제 대학 진학률이 매우 높은 것으로 나타났다.

〈표 Ⅱ-3〉은 1998년에서 2003년까지의 지역에 따른 일반계 고등학교 졸업자의 진학률을 보여주고 있다. 이를 통하여 주목하여야 할 것은 시 지역 일반계 고등학교 졸업자의 대학진학률이다.

〈표 Ⅱ-3〉 일반계 고등학교 졸업자의 진학률(전문대 / 4년제(교대포함))
(1998-2003)

(단위: %)

| 구 분 | 서울·광역시 | | 시 | | 읍·면 | |
|---|---|---|---|---|---|---|
| | 전문대 | 4년제 | 전문대 | 4년제 | 전문대 | 4년제 |
| 1998 | 14.29 | 66.38 | 18.16 | 70.07 | 36.64 | 44.10 |
| 1999 | 13.90 | 66.89 | 16.86 | 72.97 | 32.42 | 49.85 |
| 2000 | 13.56 | 66.27 | 17.06 | 71.48 | 34.15 | 51.01 |
| 2001 | 14.89 | 65.66 | 17.34 | 72.26 | 34.59 | 52.97 |
| 2002 | 13.19 | 69.22 | 15.86 | 75.74 | 28.81 | 59.83 |
| 2003 | 13.04 | 73.42 | 13.79 | 80.20 | 24.18 | 66.92 |

* 자료: 한국교육개발원. 교육통계연보DB.

26

〈표 Ⅱ-3〉에서 알 수 있듯이, 모든 지역에서 대체적으로 4년제 대학으로의 진학률이 높아지고 있고, 전문대 진학률은 낮아지고 있다.

읍·면 지역의 4년제 대학 진학률은 가장 빠른 증가세를 보이고 있으며 전문대 진학률이 다른 지역에 비하여 매우 높은 것으로 나타났다. 그리고 2003년도를 기준으로 살펴볼 때, 전문대와 4년제를 포함한 전체 대학 진학률은 다른 지역에 비하여 뒤지지 않는다. 그러나 2003년도 현재까지 4년제 대학 진학률은 다른 지역에 비하여 낮음을 알 수 있다. 이것은 읍·면 지역의 경우 4년제 대학 진학의 성취 기회가 상대적으로 열악하고, 상대적으로 낮은 학업성취도로 진학이 가능한 전문대학으로 진학하고 있음을 시사한다.

반면에 시 지역은 매년 4년제 대학 진학률이 읍·면 지역은 물론 서울·광역시 지역과도 비교할 때 가장 높은 것으로 나타났다. 앞서 살펴본 한국교육과정평가원(1993-2002)의 연구 내용과 크게 다르지 않은 것이다. 이는 대학 진학률에 있어서도 시 지역이 다른 지역에 비하여 높게 나타나고 있는 것이다.

광역 행정구역 내의 기초 학력도 도시화 정도에 따라 각기 다르게 나타나는 것으로 보인다. 전라남도 지역의 도시화 정도에 따른 학업성취도의 격차를 살펴본 결과, 도시 지역에 비하여 읍 지역과 면 지역의 학업성취도가 매우 낮은 것으로 조사되었다.

〈표 Ⅱ-4〉는 한국교육과정평가원에서 실시한 '국가 수준 학업성취도 평가연구'의 자료 가운데 전라남도 전체 학생들의 성적 결과를 토대로 중학교 2학년 학생 중 각 과목의 학업성취도가 40점 미만인 학생의 비율을 비교 분석한 것이다.

〈표 Ⅱ-4〉 중학교 2학년 40점 미만 득점자 비율

(단위: %)

| 과 목 | 전 국 | 전남 지역배경별 | | |
|---|---|---|---|---|
| | | 도 시 | 읍 | 면 |
| 국  어 | 10.4 | 11.6 | 21.0 | 24.4 |
| 수  학 | 22.2 | 23.1 | 37.4 | 43.1 |
| 사  회 | 32.6 | 31.8 | 44.7 | 47.9 |
| 과  학 | 29.2 | 30.7 | 43.7 | 45.4 |
| 영  어 | 24.0 | 25.8 | 41.3 | 48.0 |

* 자료: 한국교육과정평가원(1998). 국가 수준 학업성취도 평가 연구.

〈표 Ⅱ-4〉에서 보는 바와 같이 낙제 급에 해당하는 39점 이하 학생들의 비율은 전라남도 도시 지역의 경우 전국 평균과 비슷한 양상을 나타낸다. 그러나 읍 지역의 경우 도시 지역에 비하여 40점 미만을 획득한 학생의 비율이 매우 높게 나타나고, 면 지역은 그보다도 더욱 높은 비율을 보이고 있다. 전라남도 지역의 경우 도시화 정도가 낮을수록 기초 학력이 저조한 학생의 비중이 높음을 알 수 있다.

이러한 지역 간의 학업성취도 격차는 학년이 올라갈수록 심각하게 나타난다. 2003년 3월에 실시한 전남 중·고등학생 진단평가에서도 기초·기본학력의 저하 현상이 확인되고 있다. 평가 결과, 고등학교 1학년 성적 분포 경향을 보여주는 것이 〈표 Ⅱ-5〉이다.

〈표 Ⅱ-5〉 전남지역 고등학교 1학년 성취수준별 성적 현황

(단위: %)

| 구 분 | 국 어 | | | | 수 학 | | | | 영 어 | | | |
|---|---|---|---|---|---|---|---|---|---|---|---|---|
| | 기초 미달 0-39 | 기초 학력 40-59 | 보통 학력 60-79 | 우수 학력 80-100 | 기초 미달 0-29 | 기초 학력 30-59 | 보통 학력 60-79 | 우수 학력 80-100 | 기초 미달 0-29 | 기초 학력 30-59 | 보통 학력 60-79 | 우수 학력 80-100 |
| 도 전체 | 42.4 | 31.6 | 22.4 | 3.5 | 33.6 | 28.0 | 18.0 | 20.5 | 44.0 | 21.8 | 19.4 | 14.7 |
| 도 시 | 31.9 | 32.7 | 29.9 | 5.5 | 25.0 | 26.3 | 21.1 | 27.6 | 34.6 | 21.5 | 23.1 | 20.9 |
| 읍 | 54.9 | 31.4 | 13.0 | 0.8 | 44.2 | 30.0 | 14.8 | 11.0 | 55.9 | 22.2 | 15.7 | 6.1 |
| 면 | 58.0 | 28.4 | 12.2 | 1.5 | 45.4 | 30.6 | 12.5 | 11.5 | 56.8 | 22.4 | 13.0 | 7.7 |

* 실시일 2003. 3. 11(전라남도 교육청 주관 진단평가)
* 성취수준 분류 근거: 한국교육과정평가원 평가결과보고서(2001)

〈표 II-5〉에 나타나 있는 바와 같이 국어, 수학, 영어 모든 과목에서 '우수 학력'의 성적을 획득한 학생들의 비율은 도시 지역이 가장 높게 나타난다.5) 그러나 모든 과목에서 '기초 미달'의 성적을 획득한 학생들의 비율은 도시화 정도가 낮을수록 높게 나타난다. 특히 읍 지역과 면 지역 모두에서 국어 과목과 영어 과목에서 전체 학생 중 절반 이상의 학생들이 '기초 미달'의 학력을 소유하고 있는 것으로 나타났으며, 수학 과목에서도 50%에 육박하는 비율의 학생들이 '기초 미달'의 학력을 나타내고 있었다. 이는 도시 지역 '기초 미달' 학력의 학생 비율에 거의 두 배 가까운 수치이다.

이처럼 같은 행정권역인 전라남도 지역 내에서도 도시 지역과 시골 지역 사이의 학업성취도 격차는 매우 크게 나타나며 학교 급이 올라갈수록 그 격차는 더욱 벌어지는 것으로 보인다. 특히 기초 학력이 저조한 학생의 비율이 시골 지역으로 갈수록 높다고 판단된다.

이상에서 도시화 정도에 따른 지역 간 학업성취도의 격차를 설명한 관련 연구들과 지역 간 학업성취도의 실태를 보여주는 여러 자료를 분석하였다. 분석 결과, 대도시와 중소 도시 지역의 학업성취도에 비하여 읍·면 지역의 학업성취도는 매우 낮은 것으로 판단된다. 그리고 중소 도시 지역은 대도시와 도시 규모나 여건이 다름에도 불구하고 대도시와 대등한 학업성취도를 나타내거나 오히려 더 높게 나타나는 경우도 볼 수 있었다. 특히 학교 급이 올라갈수록 중소 도시 지역이 더 높은 학업성취도를 보이는 경우가 종종 보고 되었다. 반

---

5) '우수 학력'의 비율이 읍 지역보다 면 지역이 더 높은 이유는 학업성취도가 우수한 학생들이 일부 면 지역의 학교에 재학 중이기 때문이라고 판단된다. 특히 특수목적 고등학교인 '전남과학고등학교'와 '전남예술고등학교'가 모두 면 지역에 소재하고 있다. 전반적으로 면 지역이 읍 지역보다 학력이 높지 않음은 '보통 학력'이나 '기초 학력'의 학생들의 비율이 읍 지역이 높고, '기초 미달'의 학생들이 면 지역이 높은 데서 알 수 있다.

면에 읍·면 지역의 경우 도시화 정도가 대도시 지역에 비하여 크게
차이가 나지 않는 중소 도시 지역과의 학업성취도 격차가 학교 급이
올라갈수록 크게 벌어지고 있는 것으로 설명할 수 있다.


## 2. 지역 간 학업성취도 격차의 요인


　여기에서는 지역 간 학업성취도의 격차를 발생시키는 요인들과 구
체적인 하위구성 요소들을 살펴보았다.

　학업성취도에 영향을 미치는 요인들을 정리한 연구로는 대표적으
로 김병성(1996), 김신일(2003), 이종각(2002)의 연구가 있다.

　김병성(1996)은 학력격차의 결정 요인을 학습자 요인, 가정 요인,
학교사회의 체제적 요인, 학교와 지역사회와의 관계 요인, 학급 내
대인 지각적 요인, 사회문화적 풍토 요인으로 구분하여 설명한다. 학
습자 요인의 하위 요인은 학습행동, 학구적 자아개념, 지능 등으로
보았다. 가정 요인의 하위 요인은 집 주변 분위기, 방과 후 학습시간,
부모의 학습지도 정도, 부모와의 대화 정도, 부모의 학교 공부 중요
도로 구성하였다. 학교사회의 체제적 요인은 학교의 인적 배경요인
(교사, 학생, 교장), 학교의 사회적 체제 요인(학교특성, 인적 구성요
인, 학교의 행정적 체제, 교육과정 구성과 운영, 학급 내 상호작용,
학습풍토, 학교-지역사회관계)으로 구분하였다. 학교와 지역사회와
의 관계 요인은 학부모의 관여 정도, 지역사회의 지원 정도, 교사-
학부모 협력 정도 등으로 설명하였다. 학급 내 대인 지각적 요인은
학급 내에서 교사 또는 학생과의 상호작용을 분석하였다. 사회문화
적 풍토 요인의 하위 요인은 사회의 제도적 측면과 대인 지각적 측

면, 사회적 평가·인식 등을 들고 있다.

　김신일(2003)은 학업성취도 격차의 결정 요인을 학교 내 요인, 학교 외 요인으로 구분하였다. 학교 내 요인은 학급규모와 학교규모, 학급편성과 계열편성, 학교의 교육 환경, 교사의 기대효과, 학생문화와 학교풍토로 분류하였다. 학교 외 요인은 지능, 사회경제적 배경, 학교의 외적 환경 등으로 분류하였다.

　이종각(2002)은 학업성취도의 격차에 영향을 미치는 사회적 환경 요인을 지능, 사회경제적 지위, 교사-학생의 상호작용과 교사의 역할, 학교풍토와 문화로 구분하였다. 여기에서 지능은 유전적이라기보다는 문화적 편파성을 띠고 있으며 계층 재생산과 무관하지 않은 사회적 환경요소라 할 수 있다. 학업성취도에 영향을 주는 사회경제적 배경 요인으로는 포부수준, 문화실조, 언어, 상호작용과정 등이 있다고 설명한다. 교사-학생의 상호작용과 교사의 역할 요인은 언어적 상호작용, 교사의 학생 분류, 교사의 기대와 전달기제 등의 하위 요인으로 분류하였다. 학교풍토와 문화는 학구적 자아개념을 형성하기 위한 준거집단을 제공하고, 이를 통하여 포부수준이 형성되는 것이다. 준거집단과의 상호작용으로 인한 포부수준 형성은 학업성취도의 변화를 충분히 예언하여 준다.

　이상의 연구들에서 볼 수 있는 바와 같이, 학업성취도 격차의 원인에 대한 설명은 매우 다양한 관점에서 해석이 가능하다. 지역 간 학업성취도 격차의 원인에 대한 설명도 이러한 맥락 속에서 이해할 수 있다.

　지역 간 학업성취도의 격차에 영향을 미칠 것이라고 논의될 수 있는 각각의 요인들은 현실적으로 독립적이라기보다 서로 중첩되어 나타난다. 그러나 논의의 편의를 위하여 개념을 구분한다면, 학업성취도 격차에 영향을 미칠 수 있는 요인은 크게 개인 요인, 환경 요인,

이동 요인으로 구분할 수 있을 것이다.

개인 요인은 지능지수, 이전의 학업성취도, 집중력의 정도, 노력의 정도, 유전적 인자 등과 같이 학업성취도 획득에 영향을 미칠 수 있는 개인의 특성과 관련되어 있는 모든 요인들을 의미한다. 이러한 요인들을 공통적으로 지니고 있는 학생들이 지역에 따라서 편포되어 있다면 지역 간 학업성취도의 격차가 유발될 수 있다.[6]

환경 요인은 학생의 학업성취도 획득 과정에 영향을 미칠 수 있는 주변의 모든 요인을 의미한다. 이 요인은 다시 가정 요인, 지역 요인으로 구분할 수 있다. 가정배경이나 지역 환경 모두 지역별로 어느 한쪽이 월등하게 우월하거나 열악하다면 지역 간 학업성취도의 격차가 유발될 수 있다. 가정 요인은 경제적 자본, 인적 자본, 문화적 자본, 사회적 자본으로 세분할 수 있다(자세한 내용은 '가'항에서 다룸). 지역 요인은 인적 환경, 물적 환경, 사회문화적 환경으로 세분할 수 있고, 인적 환경과 물적 환경은 다시 학교 내 / 외의 환경으로 구분할 수 있다. 사회문화적 환경은 다시 사회 심리적 환경, 경제적 환경, 제도적 환경, 정치적 환경으로 구분할 수 있다(자세한 내용은 '나'항에서 다룸).

이동 요인은 학생이 혼자 또는 가정과 함께 이동함으로써 전입한 지역이나 전출한 지역의 학업성취도에 영향을 미칠 가능성이 있기 때문에 형성되는 요인이다. 특히 이러한 이동의 현상이 집단적으로 또는 빈번하게 발생한다면 지역 간 학업성취도의 격차를 유발하는 요인일 수 있다. 학업성취도에 영향을 미칠 수 있는 이동의 유형은 이동시기, 이동 규모, 이동 범위, 행정적 형식 등으로 구분할 수 있다

---

6) 이 연구에서는 개인의 특성과 관련된 개인 요인을 제외한 환경 요인과 이동 요인이 지역 간 학업성취도 격차에 영향을 미치는가에 대한 논의와 분석을 다루려고 한다.

(자세한 내용은 '다'항에서 다룸).

이상에서 살펴본 지역 간 학업성취도의 격차에 영향을 미칠 수 있는 요인들은 〈표 Ⅱ-6〉와 같이 정리할 수 있다.

〈표 Ⅱ-6〉 지역 간 학업성취도에 영향을 미칠 수 있는 요인

| 요 인 | 개 념 | 하위 요인(지표) |
|---|---|---|
| 개인<br>요인 | 학업성취도 획득에 영향을 미칠 수 있는 개인의 특성과 관련되어 있는 모든 요인 | 지능지수, 이전의 학업성취도, 집중력의 정도, 노력의 정도, 유전적 인자 등 |
| 환경<br>요인 | 학생의 학업성취도 획득 과정에 영향을 미칠 수 있는 주변의 모든 요인 | 가정 요인: 가정의 경제적 자본, 인적 자본, 문화적 자본, 사회적 자본 |
| | | 지역 요인: 인적 환경(학교 내/외 환경), 물적 환경(학교 내/외 환경), 사회문화적 환경(사회심리적 환경, 경제적 환경, 제도적 환경, 정치적 환경) |
| 이동<br>요인 | 집단적 또는 빈번한 이동으로 인하여 전입·전출 지역 간의 학업성취도 격차를 유발 | 이동시기, 이동 규모, 이동 범위, 행정적 형식 등 |

이와 같이 지역 간 학업성취도 격차의 요인으로 거론될 수 있는 요인들은 매우 다양하다. 그러나 이상의 요인들 가운데 중요하게 논의될 수 있는 해석은 크게 세 가지 정도로 분류할 수 있다.

첫째, 지역별 학생들의 가정배경 차이에 따른 학업성취도의 격차를 들 수 있다. 가정배경, 특히 부모의 학력과 직업의 수준은 자녀의 학업성취도에 영향을 미치는 것으로 알려져 있다. 소득, 가족관계, 가정의 학문적 분위기 등과 같은 가정의 경제적 자본, 인적 자본, 문화적 자본, 사회적 자본 등의 규모가 지역에 따라서 다르게 구성되어

있다면, 지역 간 학업성취도의 격차가 나타날 수 있다.

둘째, 지역사회 교육 환경의 차이에 따른 학업성취도의 격차를 들 수 있다. 지역에 따라서 교사의 질과 기대수준, 동료집단의 질과 포부수준, 학교 시설, 학원의 시설과 질, 지역 인적 자원의 환경 등 인적 환경, 물적 환경, 사회문화적 환경이 다르다면 학업성취도의 격차가 나타날 수 있다.

셋째, 학생 이동의 결과로 나타나는 지역 간 학업성취도의 격차를 들 수 있다. 동료 학생들의 이동으로 인하여 남아있는 학생들의 동기유발을 저해할 수 있다. 특히 학업성취도가 우수한 학생의 이동은 지역 간의 격차를 더욱 벌릴 수 있고, 이는 남아있는 학생들의 이동도 촉발할 수 있다.

다음은 구체적으로 각 요인이 지역 간 학업성취도의 격차에 영향을 미치는지에 대한 논의를 살펴보았다.


## 가. 가정배경


가정배경이 학업성취도에 미치는 영향에 대한 논의는 Coleman 보고서가 발간되면서 본격적으로 이루어지기 시작하였다.

Coleman 보고서가 나오기 이전까지는 학교의 시설, 교사, 주변 환경 등 교육 환경의 차이가 학생들의 학업성취도의 격차를 유발하는 중요한 요인으로 설명되었다. 그러나 Coleman 보고서의 결과는 학교 환경보다 학생들의 가정배경과 동료집단이 더 영향을 미치는 것으로 나타났다. 이는 연구 가설이었던 학교시설, 교사 봉급, 교육투자경비의 불평등과 같은 교육조건이 학생의 학업성취도에 미치는 효과는 매우 미약한 반면, 학생의 가정배경과 동료집단의 영향이 크다고 밝히고 있다. 그중에서도 가정배경의 비중이 매우 큰 것으로 보고하고 있다(Coleman et al., 1966).

당시 이 연구는 커다란 논쟁에 휩싸이게 되었다. 그리고 Coleman 의 연구 결과를 검토하는 후속 연구들이 나타나기 시작하였다. 그중 에서도 특히 주목할 만한 연구는 Jencks와 동료들(1972)의 연구이다. 이 연구에 따르면, 학생들은 학교에 들어올 때 이미 각자의 가정환 경에 의하여 기본적인 능력과 적성이 길러졌고, 학교교육의 과정에 도 가정환경의 차이가 지속적인 영향을 주기 때문에 학교는 별다른 영향력을 행사하지 못 한다고 설명한다. 가정환경이 학업성취도에 결정적인 영향을 미치고 있다는 것을 재확인한 셈이다.

Coleman(1988)은 교육성취에 영향을 미치는 요인으로서의 가정배 경은 경제적 자본(financial capital), 인적 자본(human capital), 그리 고 사회적 자본(social capital)의 세 가지 요소로 구성되어 있다고 설명한다. 경제적 자본은 부모의 자녀에 대한 물질적 지원 능력, 인 적 자본은 부모의 학력, 사회적 자본은 자녀의 교육에 대한 부모의 관심과 시간의 투입 등을 말한다.

Bourdieu(1973)는 경제적 자본, 인적 자본, 사회적 자본과 더불어 가정의 문화적 자본(cultural capital)도 학업성취도에 영향을 크게 미친다고 설명한다. 문화적 자본은 학교에서 선호되는 가치, 태도, 그 리고 문화적 취향 등으로 구성된다. 관련 후속 연구에서도 가정의 문화적 풍토에 영향을 받는 문화적 자본이 학교교육의 결과로 나타 나는 학업성취도에 큰 영향을 미치는 것으로 나타났다(DiMaggio & Mohr, 1985; 김정숙, 1999; 차정민, 2002).

이상의 논의 외에도 학업성취도에 영향을 미치는 가정배경의 요소 들에 대한 설명은 다양하다.

Blau와 Duncan(1967)은 직업지위 획득을 결정하는 요인들을 추적·분석하면서 자녀의 교육 정도에 부모의 학력과 직업 등 가정배경이 유의미하게 영향을 미치고 있음을 설명한다. 이는 앞서 살펴본 Coleman보고서(1966)의 '가정배경이 자녀의 학업성취도에 매우 큰 영향을 미친다'는 설명을 뒷받침한다. Sewell과 Hauser(1980)는 가정배경에 사회 심리적 변인을 추가하였다. 가정배경에 영향을 받는 포부수준이 진학 가능성을 결정한다는 것이다. Wisconsin 모형이라고 불리는 이 연구 결과는 부모의 기대와 격려가 가정의 사회경제적 배경과 자녀의 학업 능력이나 포부수준을 매개하는 강력한 변인임을 보여주고 있다.

김경근(1999, 2000)은 가정 배경 중에서도 가족구성과 가정 내 사회적 자본이 자녀의 학업성취도에 영향을 미치고 있음을 주목한다. 특히 한국 사회의 경우, 형제자매들의 절대 수보다도 그들의 성이 중요한 의미를 지니고 있다고 설명한다. 즉 남자형제의 존재는 교육성취에 부정적인 영향을 미치지만 여자형제의 영향은 거의 없다고 밝히고 있다. 그리고 부모의 자녀에 대한 기대교육수준이나 학습활동에 대한 지원은 부모의 사회경제적 지위와는 별개로 자녀의 학업성취도에 영향을 미친다고 설명한다.

이러한 Blau와 Duncan(1967), Sewell과 Hauser(1980), 김경근(1999, 2000)의 연구들에서 설명하고 있는 학업성취도에 영향을 미치는 가정배경의 요소들 또한 앞서 설명한 Coleman(1988)과 Bourdieu(1973)의 연구에서 밝혀진 논의와 크게 다르지 않다. 연구자의 관심에 따라 비중은 달리 해석될 수 있지만, 가정의 경제적 자본, 인적 자본, 사회적 자본, 문화적 자본의 정도가 학업성취도에 영향을 미치는 중요한 요인이라는 점에서 맥락을 같이 한다.

각 자본의 보유 정도를 판단하기 위한 지표는 각 자본의 형성에 중복되게 영향을 미칠 수 있으나, 이론적 개념상 다음과 같이 구분하여 설명할 수 있을 것이다.

가정배경 가운데 경제적 자본의 보유 정도를 판단할 수 있는 지표는 가정의 소득, 재산, 부모의 직업, 주택 소유여부, 소유 주택의 가격, 재산세 납부액 등을 들 수 있다. 이는 자녀의 학업과 관련하여 물질적 지원이 가능한 정도를 판단할 수 있고, 가정의 경제적인 능력을 가늠할 수 있는 모든 지표를 포함한다.

가정의 인적 자본의 보유 정도를 판단할 수 있는 지표는 부모의 학력, 형제자매의 학력, 형제자매의 학업성취도, 가족의 과목 선호도 등 가족 구성원의 학업과 관련된 능력을 가늠할 수 있는 모든 지표를 포함한다.

가정의 사회적 자본의 보유 정도를 판단할 수 있는 지표는 부모의 자녀에 대한 기대교육수준, 가족 간 학습활동에 대한 지원 정도, 가족 간 대화 시간의 정도와 대화 내용, 가족 간 정신적 의지 정도, 가족 간 기대수준, 형제자매의 수 등 가족 구성원 간의 관심과 헌신 정도를 가늠할 수 있는 모든 지표를 포함한다.

가정의 문화적 자본의 보유 정도를 판단할 수 있는 지표는 가족 구성원의 독서 내용과 양, 다룰 수 있는 악기, 교양 정도, 취미, 희소한 자격증 소유 유무 등 개인에게 내면화되어 있는 품위, 교양 등을 보여주는 모든 지표를 포함한다.

이상에서 살펴본 학업성취도에 영향을 미칠 수 있는 가정배경의 자본 정도를 설명할 수 있는 지표는 〈표 Ⅱ-7〉과 같다.

〈표 Ⅱ-7〉 학업성취도에 영향을 미치는 가정배경의 지표

| 자 본 | 지표의 전집 | 지표의 예 |
|---|---|---|
| 경제적 자본 | 가정의 경제적인 능력을 가늠할 수 있는 모든 지표. | 가정의 소득, 재산, 부모의 직업, 주택 소유 여부, 소유 주택의 가격, 재산세 납부액 등 |
| 인적 자본 | 가족 구성원의 학업과 관련된 능력을 가늠할 수 있는 모든 지표 | 부모의 학력, 형제자매의 학력, 형제자매의 학업성취도, 가족의 과목 선호도 등 |
| 사회적 자본 | 가족 구성원 간의 관심과 헌신 정도를 가늠할 수 있는 모든 지표 | 부모의 자녀에 대한 기대교육수준, 가족 간 학습활동에 대한 지원 정도, 가족 간 대화 시간의 정도와 대화 내용, 가족 간 정신적 의지 정도, 가족 간 기대수준, 형제자매의 수 등 |
| 문화적 자본 | 개인에게 내면화되어 있는 품위, 교양 등을 보여주는 모든 지표 | 가족 구성원의 독서 내용과 양, 다룰 수 있는 악기, 교양 정도, 취미, 희소한 자격증 소유 유무 등 |

　　지금까지 살펴본 바와 같이, 가정의 경제적 자본, 인적 자본, 사회적 자본, 문화적 자본과 같은 가정배경은 자녀의 학업성취도에 의미 있는 영향을 끼치는 것으로 판단된다. 따라서 지역별로 학생들의 가정배경의 수준이 다르다면, 이는 지역 간 학업성취도의 격차로 이어질 가능성이 크다고 볼 수 있다.

　　이를 확인하기 위하여 우선, 통계청에서 5년마다 주기적으로 조사를 실시하는 '인구주택 총조사 2% 자료'[7] (1990:1995:2000)의 내용을 토대로 도시화 정도에 따라서 지역별 학부모의 학력 분포를 살펴보았다. 앞서 살펴보았듯이 학부모의 학력은 자녀의 학업성취도에 영향을 미치는 가정 내 인적 자본의 역할을 한다.

　　〈표 Ⅱ-8〉은 학부모의 학력을 도시규모별로 비교하여 보여주고 있다. 지역에 상관없이 공통적으로 고학력 비율이 높아지며 저학력 비율이 낮아지고 있다. 그러나 고학력자의 비율과 저학력자의 비율은

─────────
7) 통계청에서는 5년에 한 번씩 인구·주택의총조사를 실시하여, 전체 인구·주택 가운데 2%를 표본으로 추출하여 조사 내용을 공개하고 있다.

지역에 따라서 다소 차이가 나타남을 알 수 있다. 지역별로 살펴보면, 대도시와 수도권에서 1990년도에 '고등학교 졸업' 학력의 학부모는 40.20%이고, '전문대 졸업 이상'의 학력을 소지한 학부모도 21.90%나 된다. 그러나 중소 도시의 '고등학교 졸업' 학력의 학부모는 39.70%이고, '전문대 졸업 이상'의 학력을 소지한 학부모는 14.30%에 불과하다. 군(읍·면) 지역의 경우 더욱 열악하게 나타났다. '고등학교 졸업' 학력의 학부모는 20.20%이고, '전문대 졸업 이상'의 학력을 소지한 학부모는 3.90%에 불과한 것으로 나타났다.

2000년의 경우, 전반적으로 모든 지역에서 학력이 상승하였지만, 지역 간의 학력격차는 크게 줄어들지 않았다. 중소 도시는 대도시와 '고등학교 졸업' 학력의 비율은 비슷하지만 '전문대졸 이상'의 학력에서는 다소 차이가 난다. 군(읍·면) 지역의 경우에도 차츰 학부모의 학력이 높아지고 있긴 하지만, '초졸 이하'의 학력을 소유한 학부모의 비율이 22.60%이고, '중졸' 학력도 20%를 넘는다.

<표 Ⅱ-8> 도시 규모별, 학부모의 연도별 학력분포

(단위: %)

| 구 분 | 대도시·수도권 | | | | | 중소도시 | | | | | 군(읍·면)지역 | | | | |
|---|---|---|---|---|---|---|---|---|---|---|---|---|---|---|---|
| | 전문대졸이상 | 고졸 | 중졸 | 초졸이하 | | 전문대졸이상 | 고졸 | 중졸 | 초졸이하 | | 전문대졸이상 | 고졸 | 중졸 | 초졸이하 | |
| 1990 | 21.90 | 40.20 | 21.70 | 16.20 | | 14.30 | 39.70 | 22.60 | 23.40 | | 3.90 | 20.20 | 22.10 | 53.80 | |
| 1995 | 28.00 | 43.90 | 17.40 | 10.60 | | 20.90 | 45.30 | 19.30 | 14.40 | | 7.30 | 30.30 | 24.90 | 37.50 | |
| 2000 | 37.70 | 45.20 | 11.00 | 6.10 | | 31.20 | 47.30 | 13.20 | 8.30 | | 16.30 | 40.90 | 20.20 | 22.60 | |

* 자료 : 통계청(1990:1995:2000). 인구주택총조사 2% 자료.
* 학부모의 수는 2%의 인구 중 초·중·고 학생을 자녀로 둔 부모를 측정한 것이다.
* 수도권은 서울, 인천, 경기 지역에서 읍·면 지역을 제외한 모든 지역을 말한다.

학력이 고등교육 수준으로 높아질수록 학부모의 비율은 대도시·수도권에서 높게 나타나고, 초등학교 수준 이하로 갈수록 군(읍·면)

지역의 비율이 두드러지게 높은 것을 알 수 있다. 중소 도시의 학부모의 학력의 비율은 대도시와 군(읍·면) 지역의 사이에 위치하는 것으로 보인다.

이러한 지역 간 격차는 지난 10년간 군(읍·면) 지역의 학부모의 학력이 높아지면서 다소 줄어든 경향을 보인다. 그러나 여전히 고등교육 수준에 있어서는 지역 간 격차가 확연히 나타나고 있다.

앞서 살펴보았듯이 부모의 학력은 가정 내 인적 자본으로서 자녀의 학업성취도에 긍정적인 영향을 미친다. 이는 학업성취도와 관련하여 대도시에 거주하는 학생들의 교육여건이 중소 도시 지역이나 군(읍·면) 지역의 학생들보다 유리한 상황인 것으로 이해할 수 있다. 그리고 중소 도시 지역의 학생들이 군(읍·면) 지역보다 유리한 여건인 것으로 판단된다.

학업성취도에 영향을 미치는 가정배경의 요소에서 살펴보았듯이 부모의 학력 정도뿐만 아니라 직업 수준도 자녀의 교육 경험에 적지 않은 영향을 미친다. 〈표 Ⅱ-9〉는 각 학교 수준에서 학부모의 직업분포를 도시규모별로 비교하여 보여준다.

〈표 Ⅱ-9〉 도시 규모별, 학부모의 연도별 직업분포

(단위: %)

| 구 분 | 대도시·수도권 | | | | 중소 도시 | | | | 군(읍·면) 지역 | | | |
|---|---|---|---|---|---|---|---|---|---|---|---|---|
| | 사무직 이상 | 서비스, 판매직 | 1차 산업 | 기능근로자 이하 | 사무직 이상 | 서비스, 판매직 | 1차 산업 | 기능근로자 이하 | 사무직 이상 | 서비스, 판매직 | 1차 산업 | 기능근로자 이하 |
| 1990 | 29.96 | 26.51 | 2.11 | 41.41 | 25.37 | 25.05 | 9.35 | 40.23 | 8.39 | 11.86 | 61.38 | 18.37 |
| 1995 | 38.41 | 20.00 | 1.62 | 39.97 | 33.25 | 18.76 | 5.75 | 42.24 | 15.02 | 11.22 | 45.63 | 28.13 |
| 2000 | 51.17 | 11.66 | 1.23 | 35.93 | 44.57 | 12.22 | 3.13 | 40.08 | 27.23 | 7.39 | 34.23 | 31.15 |

* 자료: 통계청(1990:1995:2000), 인구주택 총조사 2% 자료.
* 학부모의 수는 2%의 인구 중 초·중·고 학생을 자녀로 둔 부모를 측정한 것이다.
* 수도권은 서울, 인천, 경기 지역에서 읍, 면 지역을 제외한 모든 지역을 말한다.
* 직업 구분 기준은 통계청의 인구주택 총조사 자료를 기준으로 재구성하였음.

〈표 Ⅱ-9〉에서 가장 두드러진 것은 대도시와 중소 도시의 학부모의 직군이 '서비스·판매직'과 '사무직 이상'에 몰려 있고, 군(읍·면) 지역의 학부모의 직군이 '1차 산업'에 치우쳐 있다는 사실이다.

물론 지난 10년 군(읍·면) 지역의 학부모 직업 분포가 '1차 산업'의 직군에 편중되어 있던 것이 '사무직 이상'과 '기능근로자 이하'로 크게 이동한 사실을 알 수 있다. 군(읍·면) 지역은 '사무직 이상'의 직업으로 10년간 8.39%에서 27.23%로 거의 19% 증가하였다. 그러나 2000년의 대도시 '사무직 이상'의 비율이 51.17%인 것에 비교하면 여전히 대도시와의 직업분포의 격차는 크다고 볼 수 있다. 그리고 다른 지역과 달리 군(읍·면) 지역의 경우 꾸준하게 '기능근로자 이하'의 직군이 증가하고 있다. '1차 산업'의 직군에서 '사무직 이상'의 직군으로만 이동한 것이 아니라 낮지 않은 비율의 인원이 '기능근로자 이하'의 직군으로도 이동하고 있는 것이다. 중소 도시 지역의 직업 분포도 '사무직 이상'의 직업군으로 많이 이동하고 있긴 하지만, 대도시 지역의 분포에는 미치지 못 하고 있다.

이와 같이 주로 '1차 산업'에 집중되어 있던 군(읍·면) 지역의 학부모 직업이 최근에는 여타의 직업군으로 분산되어 나타나는 현상 속에서도 여전히 '사무직 이상'에서는 대도시나 중소 도시와 큰 차이를 보인다. 그리고 중소 도시 학부모의 직업 분포는 대도시와 군(읍·면) 지역 분포의 사이에 위치하고 있다고 할 수 있다. 앞서 논의되었듯이, 학부모의 직업 수준은 자녀의 학업성취도에 긍정적인 영향을 미친다고 볼 수 있다. 따라서 지역 사이에 학부모의 직업 분포가 확연히 다르게 나타나는 현상은 자녀의 교육경험에 미치는 영향이 지역에 따라서 다를 수 있음을 시사한다.

이상의 논의에서 살펴본 바와 같이, 가정배경은 학업성취도에 의미 있는 영향을 끼치는 것으로 판단된다. 그리고 도시화 정도에 따

라서 지역 간 가정배경 수준의 차이가 지역 간 학업성취도의 격차를
유발할 가능성이 있다고 볼 수 있다.


## 나. 지역사회 교육 환경


지역사회의 교육 환경과 관련된 여러 자원이 학업성취도에 영향을
미치기도 한다. 학교의 교육 환경이 학업성취도에 영향을 미치는지
의 논의는 '학교 효과 연구'(school effect studies)와 '효과적인 학교
연구'(effective schools studies) 간의 논란에서 시작된다.

Coleman 보고서를 위시한 '학교 효과 연구'들의 일반적인 결론에
의하면 학교의 특성이 학생의 학업성취도에 미치는 영향력이 미미하
다. 외양적으로 학교들은 서로 크게 달라 보이고 학교 교육의 효과
도 학교에 따라 그만큼 다를 것으로 여겨질 수 있다. 그러나 실증적
인 분석 결과는 학업성취도가 어떤 학교에 재학하느냐에 따라 크게
달라지지 않음을 보여주고 있다.

이러한 분석 결과에 대해 '효과적인 학교 연구'들은 비관적인 학교
효과론에 이의를 제기한다. 효과적인 학교 연구들은 학교의 특성이
해당 학교 학생들의 학업성취도에 크게 영향을 미치지 않는다는 주
장에 포괄적으로 반론을 펴는 한편, "효과적인" 학교들의 예를 들어
그 효과를 입증하려고 한다.

Rutter와 동료들(1979)의 연구는 학교 간 교육 과정의 차이에 주
목하여, 이 차이가 학업성취도의 차이를 유발한다고 설명한다. 학교
의 특성에 따라서 학생들의 학업성취도는 변화가 가능하다는 것이다.
이 연구는 학업에 대한 강조, 수업에 참여하는 교사의 자세와 행동,
동기 부여와 보상 체제 등과 같은 학교의 교육과정 변수가 학생들의

교육 결과에 의미 있게 영향을 미친다고 설명한다.

학교 효과를 부정하였던 Coleman과 동료들(1982) 조차도 후속 연구에서는 가톨릭계 사립학교가 공립학교에 비하여 효과적이라고 설명한다. 가톨릭 학교의 경우 시설이 열악하고 가정배경이 우수하지도 않지만 사회적 자본이 형성되어 있기 때문에 학교 효과가 높다고 설명한다. 학부모들 간의 네트워크 구성을 통하여 학생들은 풍부한 사회적 자본을 갖게 되어 탈락률이 낮아지게 된다는 것이다. 이후에도 가톨릭 학교의 효과 유무에 대한 논란은 계속 이어지고 있다(Noell, 1982; Willms, 1985; Morgan, 1983; Chubb and Moe, 1990; Neal, 1997).

Putnam(2001)도 이와 비슷한 맥락에서 미국 사회에서 주(州)별 사회적 자본의 정도와 지역 간 학업성취도의 격차와의 관계를 설명한다. 연구 결과, 지역의 사회적 자본은 다른 요인과 비교하여 상대적으로 학업성취도의 격차를 가져오는 데 더욱 중요한 요인으로 나타났다. 각 지역의 인종, 임금, 가족구조, 학급 규모, 사회경제적 불균등 등도 지역의 학업성취도에 부분적으로 영향을 미치지만, 지역의 사회적 자본이 학업성취도에 가장 큰 영향력을 행사하는 것으로 설명한다.

Bidwell과 Kasarda(1980)는 학교 간 차이에 대한 논의에서 벗어나 학교 안에서 이루어지는 학생들의 경험의 차이에 주목한다. 이들은 학교 체제를 수업·경험의 과정적 측면(Schooling)과 제도적·조직적 측면(School)으로 구분한다. 그리고 교수-학습과정과 상담 진행 과정을 통하여 학생들이 수준별로 계열화(tracking)되고 있음을 설명한다. 모둠수업을 할 때 교사의 계열화가 학생들의 학업성취도에 결정적인 영향을 끼치며, 교사가 결정한 수업방식에 따라 학생들에게 자원 분배가 달라져 같은 학교 내에서라도 학생들은 서로 다른 경험을 갖는다는 사실에 주목한다.

이러한 논의에 근거하면, 지역별로 교육 환경의 차이가 학업성취도의 격차로 나타날 수 있다.

　학업성취도에 영향을 미치는 지역의 학교, 교육 환경의 하위요소들에 대하여 Brookover(1979)는 학교사회의 사회 심리적 요소인 구성원의 상호 기대 수준, 지각, 평가, 학교체제와 밀접히 관련된 학습풍토가 교육격차를 유발한다고 설명한다. 그리고 학습풍토의 변인으로 교사, 학생, 교장을 들고 있다. 앞서 살펴본 Coleman 보고서(1966)에도 학교의 동료집단 구성이 학업성취도에 영향을 끼치고 있음을 설명하고 있다. 그리고 Bidwell과 Kasarda(1980)의 연구는 학교 내의 교사, 학생, 교장의 영향력과 수준별 계열화(tracking)가 학업성취도에 유의미하게 영향을 미치고 있음을 보여준다. Good과 Brophy(1984, 재인용. 이종각, 2002:216)는 교사의 기대수준이 학업성취도에 영향을 미치는 과정을 설명한다. 교사의 기대가 행동으로 표출되고, 학생들은 교사가 기대하는 행동이나 성취가 무엇인지를 알게 되어 거부하거나 반대하지 않는다면, 교사들이 기대한 방향으로 행동이나 성취가 형성될 것이라는 것이다. 이 연구는 결과적으로 학생에 대한 교사의 기대가 높고 낮음에 따라 교사들이 각기 다르게 조치 행동함으로써 학생들은 각각 다른 성취를 보이게 된다고 설명한다.

　대표적인 물리적 환경인 학원이 학업성취도에 영향을 미치는지에 대해서는 논란이 있다. 학원수강 시간이 많을수록 더 높은 학업성취도를 보인다는 연구(김진규 외, 1996)와 학업성취도에 대한 학원과 과외 수강의 순수한 효과는 없다는 연구(한대동 외, 2001) 결과가 상충된다. 그러나 실제로 학원 수강이 학업성취도에 영향을 미치는지와는 무관하게 교육 관련 구성원들은 학원이 학업성취도에 영향을 미친다고 인식하고 있는 것으로 보인다(윤정일 외, 1997).

　이상에서 논의된 바와 같이 학업성취도에 영향을 미치는 교육 환경은 매우 다양한 것으로 판단된다. 이처럼 학업성취도에 영향을 미치는 교육 환경을 앞서 설명된 연구들에 근거하여 분류하면 대체적으로 인적 환경, 물리적 환경, 사회문화적 환경으로 나눌 수 있을 것이다. 그리고 이러한 환경이 어떠한가에 따라서 학업성취도가 달라질 수 있다.

지역사회의 교육 환경을 설명하여 주는 지표는 인적·물리적·사회문화적 환경에 중복되게 영향을 미칠 수 있으나, 이론적 개념상 다음과 같이 구분하여 설명할 수 있을 것이다.

인적 환경은 학생의 학업성취도에 직·간접적으로 영향을 미치는 지역사회의 모든 인적 자원을 말한다. 인적 환경으로 판단할 수 있는 지표는 교사의 수와 질, 동료집단의 수와 질 등을 들 수 있다. 또 지역사회의 연령별 인구분포, 성인의 직업과 학력 분포, 사교육 시설의 강사 수와 질 등이 포함될 수 있다.

인적 환경과 관련하여, 교사나 동료집단(학생, 학령인구)은 학업성취도에 영향을 미치는 중요한 참조집단이다. 적정한 수의 교사나 동료집단이 확보되어 있지 않다면 학업성취도에 부정적인 영향을 끼치게 될 것이다. 그리고 그들의 질 또한 학업성취도에 영향을 끼치는 중요한 요소이다.

인적 환경에 있어서, 지역사회의 인구가 한쪽의 연령대로 편포되어 있다면 참조집단이 다양하지 못하여 학업성취도에 부정적인 영향을 미칠 수 있다. 그리고 지역사회 성인들은 학생들의 참조집단 역할을 하고 그들의 학력과 직업 수준은 경제적·인적·문화적 자본과 관련되기 때문에, 지역사회 성인들의 학력과 직업수준은 그 지역 학생들의 학업성취도에 긍정적인 영향을 미친다고 볼 수 있다. 사교육 시설의 강사가 적정하게 확보되어 있지 않거나 질이 낮다면 이 또한 학업성취도에 부정적인 영향을 미칠 수 있다.

물리적 환경은 학생의 학업성취도에 직·간접적으로 영향을 미치

는 모든 시설과 재화뿐만 아니라 학교를 포함한 교육시설 접근의 수
월성 등을 포함한 교육과 관련된 모든 물리적 환경을 말한다. 물리
적 환경을 설명해주는 지표는 학교 시설의 질과 양, 고등학교의 경
우 지역사회의 계열별 학교 수, 통학 거리 또는 시간 등을 들 수 있
다. 또 박물관·미술관·도서관 등의 수와 질, 청소년수련관이나 청
소년학습센터와 같은 평생학습 공공시설의 수와 질, 사설학원 시설
의 수와 질 등이 포함된다.

물리적 환경으로 서술한 학교시설의 차이는 교육 경험의 차이를
유발하고, 이는 학업성취도의 격차를 가져온다. 그리고 지역사회 고
등학교의 계열별 학교가 다양하게 존재하지 않는다면, 이는 교육 기
회의 접근의 격차를 유발하게 된다. 특히 지역사회 내 실업계 고등
학교만 존재하는 경우, 다른 지역으로 진학할 경제적 여건이 되지
못하는 학생들은 개인의 선호도와 상관없이 실업계 고등학교로 진학
을 준비하여야 할 것이다. 이는 학업성취도를 높여야 할 필요성에
대한 인식을 감소시킬 수 있으며, 통학 거리나 통학 시간의 차이는
비용과 시간의 차이를 유발할 수 있다. 이는 학업에 투입될 수 있는
기회비용(또는 시간)과 밀접한 관계가 있으므로 학업성취도와 관련
이 있다고 보인다.

물리적 환경으로 설명된 여러 평생학습 시설은 학생의 문화적 자
본을 높이는 데 긍정적으로 작용할 것이며 이는 학업성취도에 영향
을 미칠 수 있다. 학교교육의 보완적 측면으로 구성되어 있는 사설
학원의 시설 또한 논란의 여지가 있으나 학업성취도에 영향을 미치
는 것으로 설명하는 연구들을 앞서 살펴볼 수 있었다.

사회문화적 환경은 교육과 관련된 학교나 지역사회의 문화 분위
기, 구성원들의 인식과 태도, 그리고 교육에 영향을 미칠 수 있는 지
역사회의 경제적, 제도적, 정치적 환경을 포함한다.

사회문화적 환경은 사회 심리적 환경, 경제적 환경, 제도적 환경, 정치적 환경 등으로 구분할 수 있다. 지역사회의 사회 심리적 환경은 교육과 관련된 학교나 지역사회의 지배적인 가치나 분위기, 조직 또는 구성원 사이의 문화 등을 의미한다. 이를 설명해 주는 지표는 교직 문화, 교사의 기대수준, 학생들의 포부수준, 이른바 '명문학교' 수, 학부모들의 교육열, 지역사회의 학교에 대한 기대수준, 학교교육 외의 교육활동 환경 등을 들 수 있다. 앞서 살펴본 관련 연구들을 통하여 조직 또는 구성원 사이의 문화는 그 조직 구성원들의 학업성취도에 영향을 미친다는 것을 알 수 있다. 그리고 지역사회에 이른바 '명문학교'가 많다면 그렇지 않은 지역과 비교하였을 때 학업성취와 관련하여 학생들에게 긍정적 동기유발을 가져올 것이다. 지역 간에 특수목적 고등학교를 유치하려는 이유도 이러한 맥락에서 이해할 수 있다.

경제적 환경은 학업성취도에 직·간접적으로 영향을 미치는 지역사회의 경제적 여건과 관련된 환경을 의미한다. 지역사회의 경제적 여건의 호·불황은 지역의 경기에 영향을 미치고 이는 교육 여건에까지 영향을 미친다. 경제적 환경이 어떠한지를 설명해 주는 지표는 지역의 가구당 소득이라든가 지역사회 주력 산업의 전망, 산업별 종사자 분포 등을 들 수 있다.

제도적 환경은 지역 간 학업성취도의 격차에 영향을 미칠만한 제도의 변화가 발생할 경우 교육 환경이 변화한 것으로 볼 수 있기 때문에 사회문화적 환경의 한 영역으로 다루어야 할 것으로 보인다. 제도적 환경이 어떠한가를 설명해 줄 수 있는 지표는 고교입시 평준화 실시 / 해제, 내신 성적 반영 비율, 농어촌 특별전형과 같은 대학 입시제도의 변화 등을 들 수 있다. 이러한 제도의 변화는 지역 간, 특히 도시와 시골 지역 사이의 학업성취도의 변화에 영향을 미칠 것으로 판단된다. 고교입시 평준화 실시와 해제는 입학 지원 가능 지역의 범위가 다르다는 점에서 진학이동으로 인하여 지역 간 격차를 유발할 수 있다. 내신 성적 반영 비율의 변화 또는 농어촌 특별 전형은 시골 지역의 학생들의 대학 입학과 민감하게 관련된 사안이다.

정치적 환경이 지역의 학업성취도의 격차에 영향을 미칠 수 있다고 핀단한 이유는 정치적 지형의 변화나 정권의 교체 등으로 인하여 정부의 지역별 지원의 변화나 제도의 변화가 뒤따르는 경우가 있기 때문이다. 특히 집권자의 교육에 대한 철학이나 관점에 따라 다른 상황이 연출되는 경우를 볼 수 있었다.[8] 이외에도 지역 출신 유력 정치인의 영향력과 관심 정도에 따라서 지역의 교육 환경은 달라질 수 있다. 정치적 환경이 어떠한가를 설명해주는 지표는 지역별 주민 1인당 교육재정의 규모, 지역별 교육시설의 변화, 지역(국회·광역·기초)의원의 교육에 대한 관심 정도, 지방자치단체장의 교육에 대한 관심 정도, 지역별 교육 관련 시민단체의 수와 영향력 등을 들 수 있다.

이상에서 살펴본 학업성취도에 영향을 미칠 수 있는 지역사회 교육 환경을 설명할 수 있는 지표는 〈표 Ⅱ-10〉과 같다.

---

8) 김대중 정부가 그동안 소외되었던 호남 지역을 배려하였던 점이나 노무현 정부의 국가균형을 위한 지방에 대한 우선 지원책 등이 그 예라고 할 수 있다.

〈표 II-10〉 학업성취도에 영향을 미치는 지역사회 교육 환경의 지표

| 환 경 | 지표의 전집 | 지표의 예 |
|---|---|---|
| 인적 환경 | 학생의 학업성취도에 직·간접적으로 영향을 미치는 지역사회의 모든 인적 자원. | 교사의 수와 질, 학생의 수와 질, 지역사회의 연령별 인구분포, 성인의 직업과 학력 분포, 사교육 시설의 강사 수와 질 등 |
| 물리적 환경 | 학생의 학업성취도에 직·간접적으로 영향을 미치는 모든 시설과 재화뿐만 아니라 학교를 포함한 교육시설 접근의 수월성을 포함한 교육과 관련된 모든 물리적 환경. | 학교의 시설 수준, 고등학교의 경우 지역사회의 계열별 학교 수, 통학 거리 또는 시간 등박물관·미술관·도서관 등의 수와 질, 청소년수련관이나 청소년학습센터와 같은 평생학습 공공시설의 수와 질, 사설학원 시설의 수와 질 등 |
| 사회문화적 환경 | 교육과 관련된 학교나 지역사회의 지배적인 분위기나 구성원들의 인식과 태도, 그리고 교육에 영향을 미칠 수 있는 지역사회의 경제적, 제도적, 정치적 환경을 포함하여 교육에 직·간접적으로 영향을 미칠 수 있는 지역사회의 문화 또는 분위기를 포괄.<br><br>사회 심리적 환경 / 경제적 환경 / 제도적 환경 / 정치적 환경 | 사회 심리적 환경: 교직 문화, 교사의 기대수준, 학생들의 포부수준, 이른바 '명문학교' 수, 학부모들의 교육열, 지역사회의 학교에 대한 기대수준, 학교교육 외의 교육활동 환경 등<br><br>경제적 환경: 지역의 가구당 소득, 지역사회 주력 산업의 전망, 산업별 종사자 분포 등<br><br>제도적 환경: 고교입시 평준화 실시/해제, 내신 성적 반영 비율, 농어촌 특별전형 등의 대학입시제도의 변화 등<br><br>정치적 환경: 지역별 주민 1인당 교육재정 규모의 변화, 지역별 교육시설의 변화, 지역(국회·광역·기초)의원의 교육에 대한 관심 정도, 지방자치단체장의 교육에 대한 관심 정도, 지역별 교육 관련 시민단체의 수와 영향력 등 |

지금까지 살펴본 바와 같이, 지역사회의 인적 환경, 물리적 환경, 사회문화적 환경9)과 같은 교육 환경은 지역사회에 거주 또는 재학

9) 제도적·정치적·경제적 요인은 학업성취도에 직접적인 영향을 미친다기보다는 지역의 교육 환경이나 학생 이동에 영향을 미침으로 인하여

하고 있는 학생들의 학업성취도에 의미 있는 영향을 미치는 것으로 판단된다. 따라서 지역별로 교육 환경의 수준이 다르다면, 이는 지역 간 학업성취도의 격차로 이어질 가능성이 크다고 볼 수 있다.

지역별 교육 환경의 실태가 다른지를 확인하기 위하여 우선, 학업성취도에 영향을 미친다고 판단되는 지역 간 인적 환경의 격차를 확인하였다. 앞서 지역 간 가정배경의 실태를 확인하는 가운데 살펴보았던, 지역사회 학부모의 학력과 직업은(〈표 Ⅱ-8〉, 〈표 Ⅱ-9〉 참조) 가정배경으로서 자녀의 학업성취도에도 영향을 미치지만, 지역사회의 인적 환경을 확인하기 위한 지표의 구실도 할 수 있다. 부모의 학력과 직업은 가정의 사회적 자본과 문화적 자본에 영향을 미치게 되고, 이는 자녀의 교육과 관련된 경험에도 적지 않은 영향을 미친다. 그리고 지역사회 내 동료학생들 부모의 학력과 직업 수준은 전반적인 지역사회의 교육 관련 인적 자원을 가늠해볼 수 있는 지표라고 할 수 있다. 다시 말해서 지역사회의 부모의 학력과 직업은 가정배경의 지표 역할만 할 뿐 아니라 지역사회의 인적 자원의 지표 구실도 하는 것이다. 자녀의 참조집단의 역할을 할 뿐만 아니라 지역사회 학령인구의 참조집단의 역할도 하는 것이다. 따라서 부모의 학력과 직업은 지역사회의 교육 환경을 설명하여 주는 요소라고 할 수 있다.

앞서 〈표 Ⅱ-8〉, 〈표 Ⅱ-9〉에서도 살펴보았듯이 인적 환경의 구성은 대도시가 가장 우수하게 나타났으며 중소 도시와 읍·면 지역의 순으로 나타났다. 특히 대도시와 중소 도시의 인적 환경 구성이 크게 차이나지 않은 반면 중소 도시와 읍·면 지역의 인적 환경 구성은 격차가 큰 것으로 판단되었다.

다음은 교육 환경 중 학업성취도에 영향을 미치는 물리적 환경의 지역 간 실태를 살펴보았다. 이는 지역에 따른 일반계 / 실업계 고등

---

간접적으로 학업성취도의 격차에 영향을 준다고 판단된다.

학교의 계열별 상대적 비율을 한국교육개발원의 교육통계 데이터베이스 자료(1998-2003)를 통하여 분석으로 대신하였다. 앞서 살펴보았듯이 학교 시설은 학업성취도에 영향을 미치는 물리적 환경이다.

〈표 Ⅱ-11〉은 1998년에서 2003년까지 지역별 일반계 고등학교와 실업계 고등학교의 학교, 학생 수의 상대적 비율이 변화하는 추이를 보여주고 있다. 일반계 고등학교의 경우 서울·광역시 지역의 비율이 가장 높고, 시 지역과 읍·면 지역 순으로 나타난다. 그리고 시계열적으로 볼 때, 일반계 고등학교의 비율이 모든 지역에서 점차 증가하고 있지만 지역 간 격차는 줄어들지 않고 있다.

〈표 Ⅱ-11〉 일반계 / 실업계 고등학교 학교(학생) 수의
상대적비율(1998-2003)

(단위: %)

| 구 분 | 서울·광역시 | | 시 | | 읍·면 | |
|---|---|---|---|---|---|---|
| | 일반계 | 실업계 | 일반계 | 실업계 | 일반계 | 실업계 |
| 1998 | 67.30(63.22) | 32.70(36.78) | 65.47(63.76) | 34.53(36.24) | 46.18(41.59) | 53.82(58.41) |
| 1999 | 69.21(66.19) | 30.79(33.81) | 64.96(64.29) | 35.04(35.71) | 48.07(44.28) | 51.93(55.72) |
| 2000 | 69.39(68.29) | 30.61(31.71) | 64.90(65.15) | 35.10(34.85) | 48.64(47.02) | 51.36(52.98) |
| 2001 | 69.66(70.76) | 30.34(29.24) | 66.03(66.75) | 33.97(33.25) | 48.80(48.23) | 51.20(51.77) |
| 2002 | 70.54(72.43) | 29.46(27.57) | 67.13(68.54) | 32.87(31.46) | 50.75(51.67) | 49.25(48.33) |
| 2003 | 70.94(73.49) | 29.06(26.51) | 68.88(70.28) | 31.12(29.72) | 51.42(52.81) | 48.58(47.19) |

* 자료: 한국교육개발원. 교육통계연보DB.

〈표 Ⅱ-11〉에서 알 수 있듯이, 고등학교 단계에서 일반계와 실업계의 학교 수, 학생 수의 상대적 비율이 서울·광역시 지역과 시 지역이 비슷한 양상을 드러낸다. 그러나 읍·면 지역은 이들 두 지역과는 전혀 다른 모습을 띠고 있다.

서울·광역시 지역 일반계 고등학교의 경우, 시 지역, 읍·면 지역에 비하여 학교 수와 학생 수의 상대적 비율이 높다. 그러나 그 격

차가 시 지역과는 근소한 반면, 읍·면 지역과는 거의 20%의 차이
를 나타낸다. 세 지역 모두 1998년과 2003년 사이 일반계 고등학교
의 상대적 비율이 지속적으로 증가하였음에도 불구하고 지역 간 격
차는 줄어들지 않았다.

이러한 현상은 실업계 고등학교의 학교 수와 학생 수의 상대적 비
율에서도 비슷하게 나타난다. 다만, 증가 추세를 보이는 일반계 고등
학교와는 달리 상대적으로 감소 추세를 띠는 것이 두 계열 간의 차
이라고 할 수 있다. 실업계 고등학교의 학교 수와 학생 수의 비율은
읍·면 지역이 가장 높다.

고등학교 단계에서 일반계 / 실업계 교육 기회는 생애 기회를 근본
적으로 달리 방향 지울 수 있는 분기점이라 할 수 있다. 이렇게 중
요한 기회가 뚜렷한 근거 없이 도시화 정도에 따라 접근 환경이 다
른 것이다.

중학교 졸업자의 계열별 진학률도 도시화 정도에 따라 지역 간 격
차를 나타낸다. 〈표 Ⅱ-12〉는 고등학교 진학에 대한 접근 환경이 다
르게 배분되고 있음을 보여주고 있다.

〈표 Ⅱ-12〉 중학교 졸업자의 고등학교 진학률(일반계 / 실업계)
(1998-2003)

(단위: %)

| 구 분 | 서울·광역시 | | 시 | | 읍·면 | |
|---|---|---|---|---|---|---|
| | 일반계 | 실업계 | 일반계 | 실업계 | 일반계 | 실업계 |
| 1998 | 63.03 | 34.82 | 65.99 | 32.25 | 54.43 | 43.88 |
| 1999 | 67.21 | 31.63 | 53.98 | 43.54 | 56.73 | 40.68 |
| 2000 | 70.10 | 28.35 | 69.72 | 28.94 | 61.11 | 37.54 |
| 2001 | 71.07 | 27.82 | 70.15 | 28.46 | 64.88 | 33.58 |
| 2002 | 71.87 | 26.19 | 71.93 | 26.92 | 66.47 | 32.13 |
| 2003 | 73.73 | 25.07 | 73.20 | 25.66 | 68.40 | 30.36 |

* 자료: 한국교육개발원. 교육통계연보DB.

　시계열적으로 볼 때, 세 지역 모두에서 지속적으로 일반계 고등학교의 진학률이 증가하고 있음에도 서울·광역시 지역과 시 지역에서의 진학률은 비슷하다. 그러나 읍·면 지역의 진학률은 여전히 격차가 있음을 볼 수 있다. 특히 시 지역의 진학률은 서울·광역시 지역과 읍·면 지역의 일반계 고등학교 진학률의 사이에 위치하고 있다. 그러나 서울·광역시 지역에 더 가까운 경향을 나타내고 있어 상대적으로 읍·면 지역의 일반계 고등학교 진학이 더욱 부진한 모습을 보여준다. 읍·면 지역의 일반계 고등학교도 진학률의 증가 폭이 높아지고 있지만, 서울·광역시 지역과 시 지역의 일반계 고등학교 진학률 수준에는 미치지 못하고 있다.

　〈표 Ⅱ-11〉, 〈표 Ⅱ-12〉에서 주목할 점은 매년 읍·면 지역의 일반계 고등학교의 학교 수와 학생 수의 비율에 비하여 읍·면 지역 중학교 학생들의 일반계 고등학교 진학률이 현격하게 높다는 사실이다. 읍·면 지역의 2003년 일반계 고등학교 학생 수의 구성비가 52.81%인 반면에 해당 연도에 고등학생인 2001, 2002, 2003년에 고등학교를 진학한 학생들의 일반계 진학률은 각각 64.88%, 66.47%, 68.40%를 기록하고 있다. 이러한 사실은 읍·면 지역에 거주하는 학생들이 일반계 고등학교로 진학하길 원한다 하더라도 읍·면 지역에 학교 수가 적어서 일부는 불가피하게 다른 지역으로 진학하고 있음을 시사한다. 그리고 그나마 다른 지역으로 진학할 여건이 되지 않는 학생들은 자신의 계열 선호도와 무관하게 지역에 존재하는 실업계 고등학교에 진학하여야 하는 상황임을 추론할 수 있다.

　전국적으로 일반계 고등학교에서 전문대학 이상의 대학 진학률이 80%를 훨씬 상회하고 있고, 특히 읍·면 지역의 경우 2003년 현재 90%를 넘어선 상황이다(〈표 Ⅱ-12〉 참조). 따라서 대학 진학을 목적으로 교육과정을 운용하는 일반계 고등학교와 취업을 목적으로 교육

과정을 운용하는 실업계 고등학교의 구성이 시골 지역에만 편포되어 실업계 고등학교의 비중이 높다라면, 경제적 여건 등으로 인하여 다른 지역의 일반계 고등학교로 진학하지 못하는 학생들은 대학 진학 여부와 무관하게 자신이 거주하는 지역의 실업계 고등학교로 불가피하게 진학하여야 한다. 이러한 학생들에게는 학습 의욕이나 학업성취도에 대한 동기 유발이 낮을 가능성이 매우 높다.

마지막으로 학업성취도에 영향을 미치는 사회문화적 환경이 지역에 따라서 차이가 나타나는지를 확인하였다. 이를 위하여 교육과 관련된 사회문화적 환경의 지표로 살펴보았던 교사의 기대수준, 학교교육 외의 교육활동 환경 등이 지역에 따라서 실태가 어떠한지를 확인하였다.

우선, 김양분 외(2003)에서 고등학교 교육의 수준과 실태 파악을 위한 조사 내용을 통하여 도시화 정도별로 학습 관련 여가 활동에 대한 실태를 확인하였다.

〈표 II-13〉은 학습 관련 여가 활동 정도가 계열과 지역 규모에 따라 차이가 있는지를 분석한 결과이다. 이 표에서 학습 관련 여가 활동은, 독서(문학작품), 도서관이나 독서실 이용, 사회봉사 활동, 책 구입과 같은 활동을 얼마나 자주 하는지에 대한 응답을 근거로 하여 구성한 지표이다.

〈표 Ⅱ-13〉 고등학교 학생의 학습 관련 여가활동 실태

| 계 열 | | 평 균 | 표준편차 | F | |
|---|---|---|---|---|---|
| 일반계 | 서 울 | 2.80 | .77 | 43.981*** | |
| | 광역시 | 2.78 | .74 | | |
| | 중소 도시 | 2.76 | .74 | | |
| | 읍·면 지역 | 2.54 | .79 | | 699.746*** |
| 실업계 | 서 울 | 2.23 | .75 | 5.682** | |
| | 광역시 | 2.28 | .77 | | |
| | 중소 도시 | 2.33 | .79 | | |
| | 읍·면 지역 | 2.20 | .86 | | |

** .001〈p≤.01, ***p≤.001
* 자료: 김양분 외(2003). 학교 교육 수준 및 실태 분석 연구: 고등학교.
　　한국교육개발원.
* 문항에 대한 답은 5항목으로 '1주에 몇 회', '1달에 몇 회', '1달에 1회',
'1년에 몇 회', '전혀 하지 않음'으로 구분하였다.


　〈표 Ⅱ-13〉에서 볼 수 있듯이, 계열 내 고등학교 학생들의 지역
간 여가활동의 차이가 의미 있게 나타난다. 일반계 고등학교의 지역
규모에 따른 학습 관련 여가 활동 정도를 비교하여 본 결과, 서울
지역 학생들의 평균과 읍·면 지역 학생들의 평균의 차이가 0.26으
로 통계적으로 유의미한 것으로 분석되었다. 그리고 도시화 정도가
낮을수록 점수가 낮게 나타나고 있다. 대학진학과 관련된 일반계 고
등학교 학생의 학습 관련 여가 실태는 서울시가 가장 높고, 그 다음
이 광역시, 중소 도시 순으로 나타났으며, 읍·면 지역이 가장 낮게
나타났다. 실업계 고등학교는 일반계 고등학교와 다소 차이가 다르
게 나타난다. 특히 일반계 고등학교와 달리 실업계 고등학교는 지역
간 격차가 크지 않다. 대학입시를 중점적으로 준비하는 일반계 고등
학교의 경우 지역 간의 격차가 크게 나지만, 취업준비를 병행하는
실업계의 경우 지역에 상관없이 대체적으로 낮게 나타나고 있다. 일
반계 고등학교에서는 서울지역이 가장 높은 평균을 나타낸 반면, 실

업계 고등학교에서는 중·소도시가 2.33점으로 가장 높았고, 광역시가 2.28점, 서울 2.23점, 읍·면 지역이 2.20점으로 나타났다.

학습 관련 여가활동은 거주하는 지역 내에 여가관련 시설의 양과 질에 따라 활동 정도가 크게 영향을 받을 것이다. 특히 직업 준비 교육이 아닌 대학 진학을 위한 학업성취도교육에 중점을 두고 있는 일반계 학교의 경우 지역 간의 차이는 결과적으로 성취의 격차를 가져올 가능성이 클 수 있음을 시사한다.

김양분 외(2003)의 같은 연구 조사 내용을 통하여 학생에 대한 교사의 인식에 대해서 알아보았다. 〈표 Ⅱ-14〉는 교사의 학생 인식이 계열과 지역 규모에 따라 차이가 있다는 것을 보여준다. 여기에서 교사의 학생 인식은 학생의 학습 자세, 과제 수행력, 출결석률, 지각률, 타 학교 학생들과의 학업성취도 수준 비교 등의 문항에 대한 응답을 근거로 하여 구성된 지표이다. 지표의 점수가 높을수록 교사가 학생을 더 긍정적으로 인식하고 있다고 해석할 수 있다.

〈표 Ⅱ-14〉 교사의 학생인식

| 계 열 | | 평 균 | 표준편차 | F | |
|---|---|---|---|---|---|
| 일반계 | 서 울 | 3.53 | .74 | 173.886*** | 1402.830*** |
| | 광역시 | 3.80 | .69 | | |
| | 중소 도시 | 3.82 | .80 | | |
| | 읍·면 지역 | 3.15 | .88 | | |
| 실업계 | 서 울 | 2.81 | .81 | 11.869*** | |
| | 광역시 | 2.75 | .79 | | |
| | 중소 도시 | 2.91 | .89 | | |
| | 읍·면 지역 | 2.68 | .87 | | |

*** $p \leq .001$

* 자료: 김양분 외(2003). 학교 교육 수준 및 실태 분석 연구: 고등학교. 한국교육개발원.

* 문항에 대한 답은 5점 척도로 '매우 아니다'에서 '매우 그렇다'까지로 구분하였다.

 〈표 Ⅱ-14〉에 의하면, 중소 도시에서 교사의 학생 인식이 가장 긍정적으로 나타났다. 읍·면 지역의 교사의 학생 인식은 타 지역에 비하여 부정적인 것으로 드러난다.

 교사들의 학생에 대한 긍정적 인식은 좋은 교실 분위기를 만들고 학생들과 학교의 유대감도 높여준다. 그리고 이미 여러 선행연구들에서 교사들의 지지가 학생들의 심리에 긍정적인 영향을 미치는 것으로 나타났다. 특히 미국 흑인 학생들의 학업성취도에는 매우 긍정적인 영향을 미치는 것으로 밝혀져 왔다(Carol, Harriet, and Jacquelynne, 1989; Kennedy, 1992; Baker, 1999). 이는 사회적 약자인 소외계층의 학생에게 교사들이 더 큰 영향을 미침을 시사한다. 지역적으로 소외지역이라 할 수 있는 읍·면 지역 교사의 학생에 대한 인식이 상대적으로 부정적이라는 것은 학생들의 학업성취도에 부정적인 영향을 미칠 수 있음을 보여주는 것이다.

 이두휴(2004)는 농어촌지역 학교의 교직문화를 연구하여, 농어촌지역에서 근무하는 교사들에게 있어서 학교생활의 현실적인 목표는 '도시로 나가기'로 설명될 수 있다고 보았다. 그리고 농어촌 지역의 학교에서 교사들의 수업 활동은 도시 지역에 비하여 상대적으로 느슨하고 형식화되는 경향이 강하다고 설명한다. 또한, 특별활동의 경우도 학교규모도 작고 교사 수도 적은 관계로 다양한 프로그램을 마련하지 못하며, 파행적으로 운영되는 경우가 많다고 설명한다.

 전국적인 차원에서뿐만 아니라 같은 행정 권역 내에서도 교육 환경은 지역 간에 다른 실태를 보이는 것으로 설명하는 연구들도 있다.

 고형일·정환금·이두휴(1995)는 도시 지역인 광주광역시와 농촌지역인 전라남도의 교직문화를 비교하였다. 이 연구에서 두 지역 간의 차이는 농촌 지역이 인사문제에 매우 민감하다는 것, 근무 지역에 따라 동료들이나 상급자와의 인간관계 형성이 다르게 진행된다는 것, 도시 지역에 비하여 다양한 교육프로그램이 제공되지 못 하고 있다는 것, 과중한 업무 부담이 주어진다는 것, 생활지도가 중요한 역할 중 하나라는 것 등이 도시 지역과 다른 실정인 것으로 설명되고 있다.

고형일·이두휴(1997)는 전남 지역의 장거리 통근교사들의 교직문화를 분석하였다. 이 연구는 장거리 통근 교사들이 통근에 소요하는 시간은 3-6시간가량이며, 이들에게 수업이나 학생들은 일상적인 의무적 관계 이상의 의미를 갖지 못한다고 설명한다. 그리고 통근 교사가 많은 지역에서는 수업결손이 불가피하게 발생한다고 보고 있다.

이상에서 살펴본 바와 같이, 도시화 정도에 따라서 교육 환경은 매우 다른 것으로 판단된다. 대도시 지역의 교육 환경이 대체적으로 높게 나타나고, 중소 도시 지역의 교육 환경이 그 뒤를 따르는 것으로 보인다. 그러나 시골(읍·면) 지역의 교육 환경은 다른 지역에 비하여 매우 열악한 것으로 보인다.

지역 간 교육 환경의 차이는 지역주민의 교육에 대한 관심도와 지역 간 교육 불균등 의식을 심화시킬 뿐만 아니라 학업성취도에도 큰 영향을 미칠 수 있다. 그리고 교육 환경 또는 학교의 시설 개선은 학생들의 학업성취도에 긍정적인 역할을 미친다(Condron & Roscigno, 2003; Waller, 1998; Hanusheck, 1989; Hedges, Laine and Greenwald, 1994). 지역 간 교육 환경의 격차가 교육 성취의 격차로 귀결될 가능성이 있는 것이다. 특히 성취가운데에서도 학교교육에서 중요하게 인식되고 있는 학업성취도와 관련된다고 볼 수 있다.

## 다. 학생 이동

앞에서 살펴본 바와 같이 지역 간 학업성취도의 격차는 가정배경의 차이, 지역의 교육 환경의 차이에 큰 영향을 받는다고 할 수 있다.

그러나 이러한 요인의 차이만으로 우리 사회의 지역 간 학업성취도 격차를 설명하는 데에는 한계가 있다. 앞의 '지역 간 학업성취도의 격차'(〈표 Ⅱ-1〉 참조)에서 살펴봤듯이 학교 급이 올라갈수록 중소 도시 지역의 학업성취도가 대도시의 학업성취도와 비슷하거나 높게 나타난다. 반면에 읍·면 지역의 학업성취도는 학교 급이 올라갈수록 현격하게 떨어지는 모습을 보인다. 고등학교 단계에서는 중소 도시 지역의 학업성취도가 읍·면 지역의 학업성취도에 비하여 현격하게 높게 나타날 뿐만 아니라 대도시의 학업성취도를 능가하는 상황인 것이다.

앞에서 논의한 두 요인-'가정배경의 차이'와 '교육 환경의 차이'-로는 이 상황을 설명하기에 한계가 있다. 그 이유는 중소 도시 지역 학생들의 가정배경이나 그 지역 교육 환경이 대도시를 능가하거나 근접한다고 보기 어렵기 때문이다.

지역의 가정배경 실태 조사 과정에서 살펴보았듯이 중소 도시 지역의 가정배경은 대도시 지역의 가정배경에 비하여 뛰어나지 않았으며, 시골(읍·면) 지역의 가정배경에 비하여 월등히 높게 나타나지도 않았다(〈표 Ⅱ-8〉, 〈표 Ⅱ-9〉 참조). 지역 간 가정배경의 실태에 차이가 나는 이유로 학업성취도에 격차가 일어난다면 중소 도시 지역 고등학교 학생들의 학업성취도가 대도시 지역 학생들의 학업성취도를 능가하는 상황을 설명하기 어렵다. 그리고 지역 간 교육 환경의 차이도 도시화 정도에 비례한 실태를 근거로 했을 경우(앞의 나항 참조), 학교 급이 올라갈수록 지역 간 학업성취도의 결과가 달라지는 부분을 설명하기 어렵다.

이상의 두 가지 요인 외에 또 다른 요인이 지역 간 학업성취도의 격차에 영향을 미치고 있다고 해석할 수 있다.

이러한 상황에서 읍·면 지역의 우수한 학생이 중소 도시 지역으로 유입되는 현상이 또 다른 요인으로 제기될 수 있다. 대학진학을 위하여 더욱 유리한 상황에 있는 주변 중소 도시 지역으로 우수한 학생들이 이동하기 때문에 학생구성이 달라질 수 있다. 이로 인하여 중소 도시 지역의 학업성취도와 읍·면 지역의 학업성취도 격차가 더욱 커질 수 있다. 그리고 중소 도시에는 우수학생이 유입됨으로써 대도시와의 학업성취도 격차가 좁혀지거나 오히려 이를 능가하게 된다고 볼 수 있다. 읍·면 지역의 학업성취도가 학교 급이 올라갈수록 떨어지고, 고등학교 단계에서 중소 도시의 학업성취도가 대도시의 학업성취도에 근접한 것 역시 이러한 주장을 뒷받침하는 것일 수 있다.

학생 이동이 지역 간 학업성취도 격차의 요인으로 작용하는지를 확인하기 위하여 어떤 배경과 특성의 학생들이 이동하고, 어떤 지역으로 이동하는가를 살펴보았다.

미국사회의 경우 대학입학 단계에서의 학생 이동은 주로 가정 지원이 높으며, 경제적으로도 비교적 안정적인 상황에서 일어나는 양상을 보인다. 이동하는 학생들은 대체적으로 교육적 기대가 높으며, 사회경제적 배경이 좋은 학생들이었다(Johnson and Fuguitt, 2000). 그러나 중등단계에서 이동한 학령인구의 가정배경은 주로 열악하다. 한 부모 가정 출신이거나, 가장의 직업수준과 학력이 낮은 가정의 학생들이 비교적 많이 이동한다. 이들은 보통 일반적인 경우보다 더욱 자주 이동하는데, 주로 직업이나 경제적인 이유와 같은 요인들 때문인 경우가 많았다(Heinlein and Shinn, 2000; Tucker et al., 1998; Strand et al., 2002). 그러나 이상의 경우는 도시에서 도시로 이동하는 경우이고, 농촌에서 도시로 이동하는 경우에는 또 다른 양상을 보였다. Lyson(1986)은 농촌에서 도시 지역으로 이동한 학생들의 특성을 이동하지 않은 학생들의 특성과 비교한 결과를 분석한 후, 지능이 높고, 사회·경제적 지위가 높으며, 농업에 종사하지 않은 학생들이 더 많이 이동하는 경향이 있다고 보았다.

국내의 경우, 인구이동과 관련된 국내 연구들은 대체적으로 가정의 세대주 학력이 높은 경우 이농을 원하는 것으로 나타났다(최홍석, 1998; 장병문, 1991; 신현곤, 1998; 이은우, 1993) 특히 이동하는 학령인구의 특성을 살펴본 연구들은 가정배경과 자녀의 학업성적 등을 주요 동인으로 설명하고 있다. 황성호(1995)는 대구시 인근지역에 소재하는 초등학교 학생들의 인구이동 실태와 원인을 분석하였다. 그는 인식도 조사를 통하여 가정의 소득과 자녀들의 학교성적, 모(母)의 최종학력이 학부모로 하여금 그들의 자녀들을 대구지역의 상급학교에 진학시키기 위하여 편법으로 주민등록을 옮기거나 대구시 지역으로 이주할 의향을 갖게 만든다고 분석하였다. 임연기 외(1993)는 아버지의 직업이 군인, 행정·관리직, 전문·기술직, 사무직인 경우 전학경험이 많은 것으로 나타났다. 뿐만 아니라 아버지의 학력이 높을수록, 아버지의 연령이 낮을수록 전학경험이 많은 것으로 조사되었다. 특히 농촌에서 도시로 이동한 학생의 배경이 농촌에서 농촌으로 이동한 학생의 배경보다 더 좋음을 확인하였다. 따라서 시골에서 도시로 이동하는 가정의 사회경제적 수준이 높은 학생들이 전학의 경험이 많고, 전학과 사회계층은 높은 정적 상관관계를 가지고 있는 것으로 설명하였다.

결과적으로, 학령인구 이동은 상대적으로 부모의 월평균 소득이 높고, 직업이 전문직이나 행정직인 경우가 많고, 부모의 학력이 높은 가정에서 활발하게 나타났다. 그리고 가구주의 학력과 직업이 좋을수록 상대적으로 도시화 정도가 더욱 진척된 지역으로 이동하는 것으로 나타났다. 이는 도시화 정도가 진척된 지역으로 이동하는 학생들은 그렇지 않은 학생에 비하여 가정배경이 좋고, 문화적으로 우월하며, 학업성취도가 높을 가능성이 크다는 것을 시사한다.

이처럼 지역 간 학업성취도의 격차와 학생 이동의 실태의 관계를 분석하기 위하여 학생 이동의 유형을 분류할 필요가 있다.

학생 이동은 이동시기에 따라서 '학교 급 단계별 이동'과 '재학 중 / 진학 시기의 이동'으로 구분할 수 있다. 그리고 그 시기에 따라 취학 이전 단계, 초등학교 단계, 중학교 단계, 고등학교 단계, 고등학교 재학 단계, 대학교 진학 단계 등과 학교 재학 중 이동과 진학과정의 이동으로 세분할 수 있다. 이동의 유형을 이동의 규모에 따라 구분할 수도 있다. 이는 가족 전체의 이동과 가족 일부의 이동, 해당 학생만의 이동으로 구분할 수 있다. 이동의 범위에 따라서는 행정적인 측면에서 일반적인 학군(學群)으로 인식되는 시·군·구를 경계로 이루어지는 이동, 시·도를 경계로 이루어지는 이동, 국가를 넘나드는 이동으로 구분할 수 있다. 도시화 정도에 따라서는 서울·수도권, 대도시, 중소 도시, 시골(읍·면) 지역 간의 이동으로 구분할 수 있다. 또한, 행정적 형식과 관련하여 주민등록상의 이동과 주민등록상의 주소와 무관하게 이동하는 경우로 구분할 수 있다.10) 〈표 Ⅱ-15〉는 학생 이동의 유형을 구분한 내용을 보여준다.

---

10) 주민등록지를 옮기지 않은 상태에서 이전이 가능한 경우는 예외도 없지 않으나 대체적으로 '고교입시 평준화 해제'지역으로 고등학교를 진학하는 경우와 대학을 진학하는 경우를 들 수 있다. 그리고 합법적인 테두리를 벗어나 '위장전입'하는 사례를 들 수 있지만 이 연구에는 제외하기로 한다.

〈표 Ⅱ-15〉 학생 이동의 유형

| 기 준 | 유 형 |
|---|---|
| 이동시기 | 학교 급 단계: 취학 이전 단계, 초등학교 단계, 중학교 단계, 고등학교 단계, 고등학교 재학 단계, 대학교 진학 단계 등<br>재학 여부: 학교 재학 중 이동과 진학과정의 이동 |
| 이동 규모 | 가족 전체의 이동과 가족 일부의 이동, 해당 학생만의 이동 |
| 이동 범위 | 행정구역별: 시·군·구를 경계로 이루어지는 이동, 시·도를 경계로 이루어지는 이동, 국가를 넘나드는 이동<br>도시화 정도: 서울·수도권, 대도시, 중소 도시, 시골(읍·면) 지역 간의 이동 |
| 행정적 형식 | 주민등록상의 이동과 주민등록상의 주소와 무관하게 이동하는 경우 |

학생인구의 대체적인 유입·유출 실태를 확인하기 위하여 도시화 정도별로 학생인구[11]의 연령에 따른 유입과 유출 실태를 분석하였다. 도시화 정도별로 학생인구의 순 이동률[12] 추이를 비교한 내용은 〈그림 Ⅱ-2〉와 같다.

---

11) 도시화 정도별로 학생의 이동 실태를 분석할 수 있는 자료를 찾을 수 없었다. 따라서 통계청에서 발표한 5세 단위 인구이동의 자료 중 학령인구의 연령에 가까운 만 10-14, 15-19세의 시·군 경계를 넘는 주민등록상의 이동 실태를 살펴보았다.

12) '순 이동'은 '해당 연령 전입인구-해당 연령 전출인구', 순 이동률은 '해당 연령 순 이동/해당 연령 지역인구×100(%)'를 말한다. 순 이동률이 '0' 이상이면 해당 연령의 전입인구가 전출인구보다 많음을 나타내며, '0' 이하이면 전출인구가 전입인구보다 많음을 나타낸다.

〈그림 Ⅱ-2〉 도시화 정도별 학생인구 순 이동률 추이
(1995-2002)

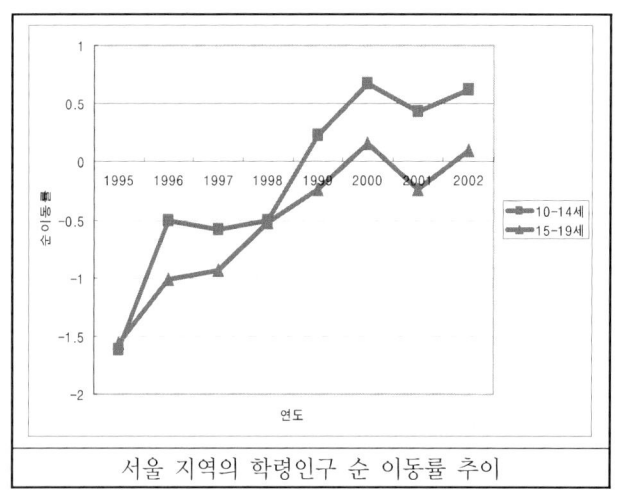

서울 지역의 학령인구 순 이동률 추이

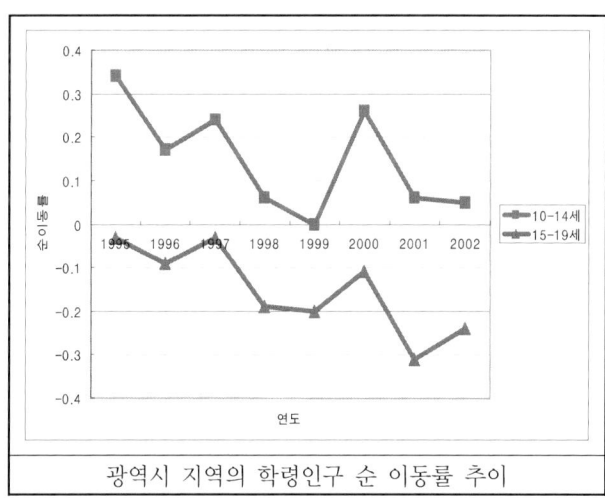

광역시 지역의 학령인구 순 이동률 추이

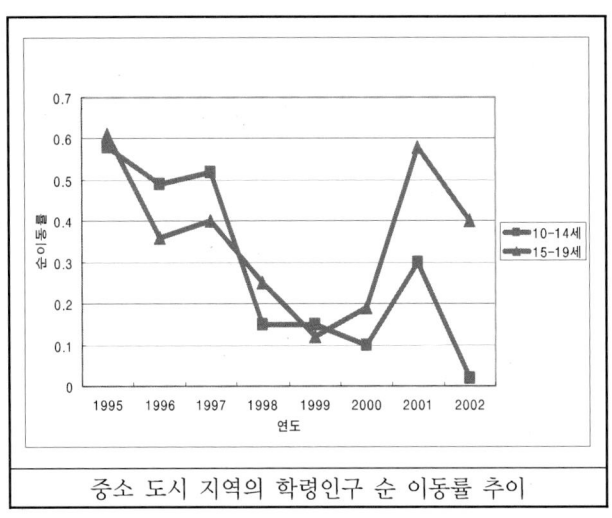

중소 도시 지역의 학령인구 순 이동률 추이

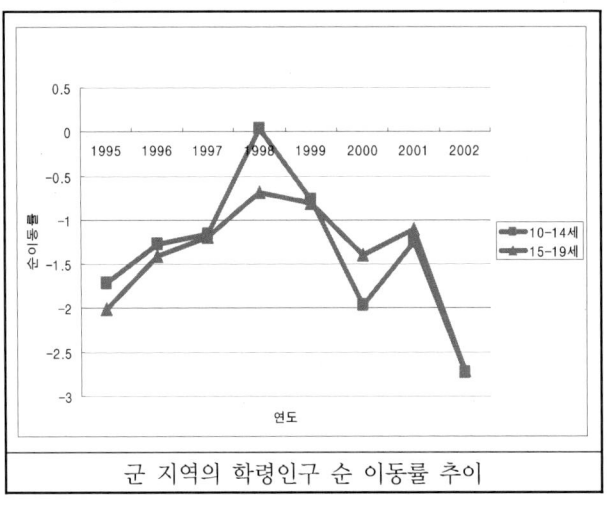

군 지역의 학령인구 순 이동률 추이

\* 자료: 통계청 제공, 1995 - 2002년도 주민등록 통계를 이용
한 인구이동 통계 원시자료.
순이동률= ( 전입자수-전출자수 ) / 지역해당인구 × 100 ( % )

〈그림 Ⅱ-2〉를 보면, 서울 지역의 학생인구는 10-14세, 15-19세 모두 갈수록 순 이동률이 증가하고 있고, 특히 저학년 단계인 10-14세의 경우 1999년 이후에는 순 이동률이 '0'을 넘어서 유입인구가 유출인구보다 많음을 보여준다. 광역시 지역은 저학년 단계인 10-14세의 인구는 순 이동률이 꾸준하게 '0' 이상으로 나타나 유입인구가 유출인구보다 많지만, 고학년 단계인 15-19세의 인구는 순 이동률이 지속적으로 '0' 이하의 수치를 보이며 유출인구가 유입인구보다 많은 것으로 나타나고 있다. 중소 도시 지역의 경우에는 10-14세, 15-19세 모두에서 순 이동률이 '0' 이하로 내려가지 않는 것으로 보아 유입인구 비율이 유출인구 비율보다 높다는 것을 알 수 있다. 군 지역은 1998년에만 10-14세의 인구의 순 이동률이 '0'을 가까스로 넘은 것 외에는 모두 '0' 이하의 수치를 나타내고, 지속적으로 순 이동률이 감소하여 유입인구에 비하여 유출인구가 증가하고 있음을 알 수 있다.

도시화 정도별 학생인구의 순 이동률 추이에서 주목할만한 점은 중소 도시 지역은 도시화 정도가 서울 지역이나 광역시 지역에 비하여 낮음에도 불구하고, 서울 지역이나 광역시 지역과 달리 10-14세, 15-19세 연령 단계 모두에서 유입인구가 유출인구에 비하여 꾸준하게 많다는 점이다. 특히 고등학교 이상의 연령 단계인 15-19세에서 유출인구의 비율보다 유입인구의 비율이 매우 높은 것으로 나타났다. 반면에 군 지역은 학생인구의 순 이동률이 '0' 이하인 상태에서 꾸준하게 낮아지고 있다. 특히 이 지역은 IMF 국제금융시기인 1998년을 전후에서 조금의 회복세를 보이다가 그 이후에 다시 급속하게 감소하는 양상을 보인다. 학생인구의 유입에 비하여 유출이 갈수록 급격하게 증가하고 있는 것이다. 이러한 현상은 도시의 집중화로 인하여 서울·광역시 지역, 중소 도시 지역은 지속적으로 학생인구가 증가하고 있으며 군 지역은 피폐화될 가능성을 보여준다. 즉 어느 한쪽으로 집중되고 있는 인구이동의 추세에 의해 어느 한쪽은 인구가 급격하게 줄어드는 흐름을 보여준다.

이상에서 이동하는 학생인구의 배경과 특성, 유입·유출 지역을 확인하였다. 대체로 가정의 사회경제적 지위가 높은 학생들이 도시화 정도가 더욱 진척된 지역으로 이동하는 것으로 나타났다. 가정배경이 학업성취도에 영향을 미친다는 점을 감안할 때, 학업성취도가 높은 학생들이 이동했을 가능성을 부정할 수 없다. 그리고 학생인구의 유입이 유출보다 상대적으로 높은 지역은 중소 도시 지역이었다. 반면에 학생인구의 유입에 비하여 유출이 급격하게 이루어지는 지역은 군 지역이었다. 가정배경이 비교적 좋은 학생들이 도시화 정도가 진척된 지역으로 이동한다는 논리에 근거하면, 군 지역의 가정배경이 좋고 그에 따라 학업성취도가 높은 학생들이 도시화가 진척된 인근 중소 도시 지역으로 이동했을 가능성을 보여준다. 따라서 중소 도시 지역에는 질적으로 우수한 학생들이 유입되고, 반대로 군 지역에서는 우수한 학생들이 빠져나가는 것이다. 이는 학생 이동으로 인하여 학생구성이 달라지고, 이것이 지역 간 학업성취도의 격차를 일으키는 요인일 가능성을 시사한다.

# 3. 학업성취도 격차와 시골 지역의 교육 환경

도시화 정도에 따른 지역 간 학업성취도의 격차가 실제로 나타나고 있는지 살펴보았다. 그리고 그 격차에 영향을 미치는 요인들에 대한 논의도 살펴보았다. 도시 지역과 시골 지역을 비교할 때, 시골 지역의 학업성취도가 매우 낮음을 확인하였고, 특히 학교 급이 올라갈수록 그 격차는 더욱 커짐을 알 수 있었다. 이러한 격차의 요인과 결과가 지역의 교육 환경에 어떠한 영향을 미칠 수 있는지를 이론적으로 논의하려고 한다. 특히 학업성취도의 결과가 학교 급이 올라갈수록 열악해지는 시골 지역의 교육 환경에 주목하려고 한다. 이를 위하여 교육 환경을 인적 환경·물리적 환경·사회문화적 환경으로 나누어 지역 간 학업성취도의 격차가 각 환경에 어떤 영향을 미치는지를 논의할 것이다.

## 가. 인적 환경

지역 간 학업성취도 격차의 요인과 결과가 지역사회의 인적 환경에 미치는 영향을 살펴보려고 한다.

인적 환경을 나타내는 지표는 학생의 수와 질, 교사의 수와 질, 지역사회의 평균 연령대 또는 연령별 인구분포, 성인의 직업과 학력분포, 학원의 강사 수와 질 등을 들 수 있다.

우선, 지역의 학업성취도 격차는 학생 구성에 영향을 미칠 수 있다. 격차의 요인을 지역사회 교육 환경의 격차라고 인식한다면,[13] 경제적 여건 또는 학업성적의 우수함으로 인하여 이동이 가능하거나, 더욱 나은 학업성취에 대한 동기가 강한 경우에는 학업성취도가 높은 지역으로 이동하게 될 것이다. 따라서 시골 지역의 경우 학업성취도 또는 가정배경이 우수한 학생들이 빠져나감으로써 학생구성의 수준이 낮아질 수 있고, 반대로 도시 지역의 경우 이들의 유입으로 인하여 학생구성의 수준이 높아질 수 있다. 앞서 살펴보았던 지역 간

---

13) 우리나라에서의 학령인구 이동은 교육 환경을 고려한 경우가 대부분이다(박희동, 1998). 특히 학교시설 또는 주변 환경이 중요한 인구이동 요인으로 꼽힌다(임연기 외, 1993).

학업성취도의 실태에서 중소 도시 지역의 학업성취도가 학교 급이 올라갈수록 높게 나온 이유를 여기서 찾을 수 있다고 판단된다. 시골 지역의 가정배경이나 학업성취도가 우수한 학생들이 학년이 올라갈수록 대학 진학에 유리하다고 인식되는 교육 환경이 있는 도시 지역으로 많이 이동할 수 있다. 이로 인하여, 시골 지역의 학업성취도는 학교 급이 올라갈수록 낮아지고, 인근 중소 도시 지역의 학업성취도는 학교 급이 올라갈수록 높아지는 현상이 나타날 수 있는 것이다.

이런 현상이 지속된다면, 학생구성의 질 문제를 넘어서 학생구성 자체에 문제가 될 수 있다. 가정배경이나 성적이 우수한 학생들이 이동하여 남아있는 학생들도 교육 환경이 좋은 지역으로의 이동이 대학 진학을 위하여 필요하다고 인식하고 이동할 수 있는 방안을 모색할 가능성이 클 것이다. 이들의 뒤따른 이동으로 인하여 시골 지역의 학생 수는 지속적으로 감소하게 되고, 도시 지역의 학생 수는 증가하게 될 것이다.

이는 이후에 살펴볼 물리적 환경에 영향을 미칠 뿐만 아니라 교육 시설과 관련된 인적 환경인 교사나 사교육 기관의 강사들의 수의 변화에도 영향을 미칠 것이다. 시골 지역의 경우 학생 수의 감소로 인한 학교 또는 학급 수의 감소는 교사 수의 감소로 이어질 것이고, 사교육 시장의 수요자인 학생 수의 감소는 자연히 사교육 시설의 감소와 그곳의 학교 외 인적 환경인 강사의 수를 감소시킬 것이다. 반면에 도시 지역의 교사 수와 강사 수는 점차 증가하게 될 것이다.

시골 지역의 교사 수 감소는 초등학교에서의 교과전담 교사의 수를 줄어들게 하고, 중·고등학교에서의 상치교사나 두 학년 이상의 교과목을 담당하는 교사들을 양산할 가능성이 크다. 그리고 교사 1인당 행정 업무의 부담도 도시의 대규모 학교에 비하여 매우 높을 것이다. 이는 교과연구의 업무 부담으로 이어져 교육 내용의 질을 떨어뜨릴 가능성이 크다고 볼 수 있다.

그리고 학생들의 이동은 가구주를 포함한 가족의 전체 또는 일부의 이동으로 이어질 가능성이 크다. 물론 학생 개인만 이동하는 경우도 없지 않으나, 대체적으로 고교 평준화 해제 지역으로 고등학교를 진학하는 경우를 제외하고는 가족의 일부 또는 전체와 이동하여야 전학 또는 진학이 가능하다. 따라서 보다 나은 교육 환경을 쫓아 이동을 하는 경우에 시골 지역의 경우 우수한 학생만의 이동이 아닌 지역사회의 성인인적 자원이 함께 유실되는 상황일 발생하게 될 것이다. 특히 가정배경과 자녀의 학업성취도의 상관관계가 높다는 설명에 근거하면(Blau & Duncan, 1967) 유실되는 인적 자원은 지역사회 차원에서도 질적인 측면에서 적지 않은 손실로 작용할 수 있다. 그리고 장기적으로 내다보면, 이와 같은 자녀의 교육 환경을 쫓은 성인인적 자원의 지속적인 유출은 지역사회를 고령화 사회로 바꿔갈 뿐만 아니라 나아가 지역사회의 공동화 현상까지 유발할 수 있다.

〈그림 Ⅱ-3〉은 지역 간 학업성취도의 격차가 시골 지역의 지역사회의 인적 환경에 미치는 영향과 파급 효과를 보여준다.

### 〈그림 Ⅱ-3〉 지역 간 학업성취도격차가 시골 지역의 인적 환경에 미치는 영향

학업성취도와 가정배경이 우수한 학생이 교육환경이 좋은 지역으로 이동

⬇

지역간 학업성취도의 격차가 발생

⬇

남은 학생들 중 여건이 가능한 학생들이 이동

⬇

교사(학원강사)의 수와 질 열악, 우수한 배경의 가정(성인인적자원)의 수 감소

⬇

인적 환경의 악순환

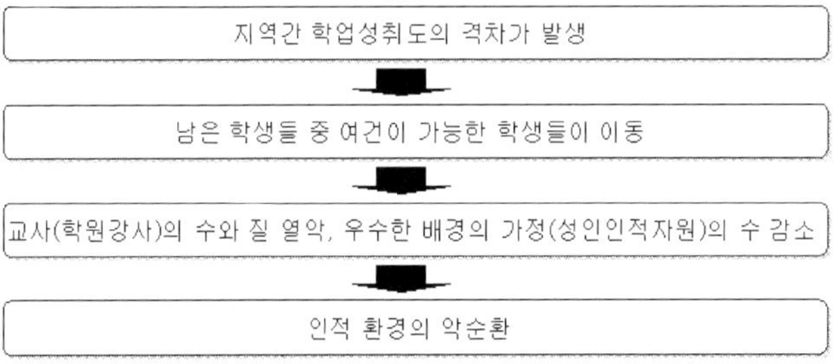

## 나. 물리적 환경

지역 간 학업성취도 격차의 요인과 결과가 지역사회의 물리적 환경에 미치는 영향을 살펴보고자 한다.

물리적 환경을 나타내는 지표는 학교 시설의 질과 양, 지역사회 내 계열별 고등학교 수, 통학 거리, 평생학습 관련 공공시설의 양과 질, 사설학원 수의 양과 질 등을 들 수 있다.

앞서 지역의 학업성취도 격차가 인적 환경에 미치는 영향에서 살펴보았듯이, 지역 간 학업성취도의 격차는 교육 환경이 열악하기 때문에 나타날 수 있다. 특히 학부모 또는 학생의 입장에서 학업성취도 격차의 매우 중요한 원인이 지역 간 교육 환경의 차이에서 비롯된 것이라는 인식이 팽배하다면 더욱 나은 지역으로의 이동이 발생할 가능성이 크다.

이러한 학생 이동은 지역사회 교육 시설의 질과 양에도 영향을 미친다. 먼저 가정배경 또는 학업 성적이 우수하여 이동의 여건이 가능한 학생들이 이동할 경우, 수요자의 변화에 민감하게 반응하는 사교육 기관의 양과 질이 변화할 가능성이 클 것이다. 사교육기관을 이용할 의지가 있거나 이용할 수 있는 여건을 우선적으로 가지고 있는 수요자들은 앞서 언급한 가정배경 또는 학업성취도가 우수한 학생들일 가능성이 크기 때문이다. 따라서 시골 지역의 경우 사교육기관이 갈수록 감소하거나 대상이 저학년 단계에 집중될 가능성이 크다. 학생 수의 감소로 인한 사교육기관의 감소는 물론, 학교 급이 올라가면서 수요자들이 도시 지역으로 이동하기 때문이다.

그리고 우수한 학생들의 이동과 그 파급으로 인하여 그 외의 학생들의 이동이 지속적으로 이루어지면서 시골 지역의 학생 수는 점차 줄어들게 되고, 이는 학교 시설의 질과 양의 감소를 불러오게 될 것이다.

학급 수가 줄어들면서 소규모 학교의 통폐합이 이루어지게 될 것이다.

초등학교의 경우 통폐합되거나 분교로 바뀌는 학교들이 늘어나고, 중학교와 초등학교를 통합하는 경우도 생길 수 있다. 고등학교의 경우 학교의 통폐합 과정에서 일반계 고등학교의 수가 줄어들고, 일반계 고등학교와 실업계 고등학교를 통합하여 종합고등학교가 양산될 가능성이 크다. 이로 인하여 학생들의 통학 거리나 통학 시간이 이전과 비교해서는 물론이고, 도시 지역에 비하여 더욱 격차가 벌어져 또 다른 교육기회의 격차를 발생시킬 수 있다. 그리고 학교 수의 감소로 학교 선택권도 더욱 제약을 받게 될 것이다.

학생 이동의 과정에서 가족의 일부나 전체가 이동하는 경우, 장기적으로는 성인들까지 이동하므로 지역사회의 경제와 산업에도 악영향을 끼칠 수 있다. 그리고 수요자가 없음으로 인하여 발생하는 사교육시설의 감소도 지역 경제에 적지 않은 타격을 줄 수 있다.

〈그림 Ⅱ-4〉은 지역 간 학업성취도의 격차가 시골 지역의 지역사회의 물적 환경에 미치는 영향과 파급 효과를 보여준다.

**〈그림 Ⅱ-4〉 지역 간 학업성취도격차가 시골 지역의물적
환경에 미치는 영향**

지역간 교육환경의 차이

지역간 학업성취도의 격차 발생

학업성취도와 가정배경이 우수한 학생이 교육환경이 좋은 지역으로 이동함.

지역의 교육 시설의 질과 양의 열악

남은 학생들 중 여건이 가능한 학생들이 이동

교육 시설의 질과 양이 열악함이 악순환

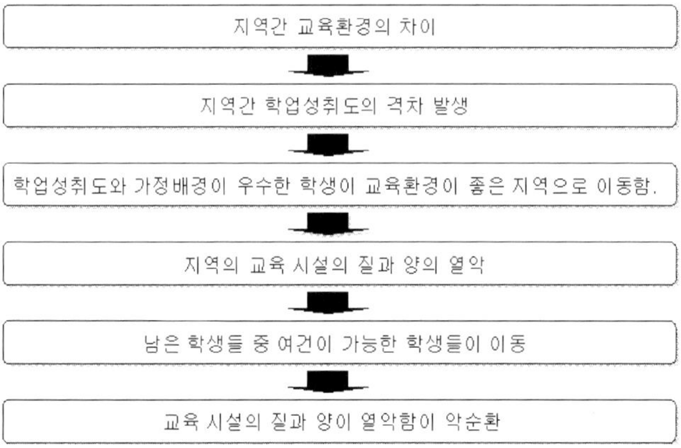

## 다. 사회문화적 환경

지역 간 학업성취도 격차의 요인과 결과가 지역사회의 사회문화적 환경에 미치는 영향을 살펴보기 위하여 사회문화적 환경을 사회 심리적 환경, 경제적 환경, 제도적 환경, 정치적 환경으로 나누어 각각에 미치는 영향을 살펴보기로 한다.

사회 심리적 환경을 나타내는 지표는 학생의 포부수준, 학부모의 교육열, 교사의 학생에 대한 기대수준, 지역사회 구성원의 학교에 대한 기대수준 등을 들 수 있다. 경제적 환경을 나타내는 지표는 가구당 소득, 지역사회 주력산업의 전망, 산업별 종사자 분포 등을 들 수 있다. 제도적 환경을 나타내는 지표는 평준화 실시 / 해제 여부, 입학전형과정에서 내신 성적의 반영비율, 농어촌 특별전형 등의 대학입시제도의 변화 등을 들 수 있다. 정치적 환경을 나타내는 지표는 주민 1인당 교육재정 규모의 변화, 각 의회 의원·단체장의 교육에 대한 관심 정도, 교육 관련 시민단체의 수와 영향력 등을 들 수 있다.

앞서 지역 간 학업성취도의 격차는 학생 구성에 영향을 미칠 수 있다고 설명하였다. 이것은 학업성취도의 격차가 인위적 또는 필연적으로 이동을 유발하여 학생 구성을 바꾼다는 것이 아니다. 이는 학생 또는 학부모들의 학업성취도에 대한 주관적 인식에 근거한 이동으로 인하여 학생 구성이 달라질 수 있다는 것이다. 다시 말하면, 좋은 교육 환경이 학업성취도를 끌어올릴 것이라는 사회 심리적 요인이 이동을 촉발하였을 것이다.

이처럼 학업성취도의 격차라는 객관적 사실은 시골 지역의 교육 관련 구성원들의 사회 심리적인 측면에 다양한 영향을 끼치게 된다. 시골 지역의 학업성취가 낮은 이유는 교육 환경이 열악하기 때문이라고 판단하고 지역사회의 교육에 대한 기대수준을 낮추게 된다. 그리고 여건이 가능한 동료들이 떠날 경우 남게 되는 학생 또는 학부모들은 낮은 포부수준을 형성하게 될 것이다. 떠나지 못 하는 여건에서 시골 지역의 교육 환경은 열악하기 때문에 도시 지역의 학생들에 견줄 만큼의 학업성취도가 나올 가능성이 없다는 인식을 할 가능성이 큰 것이다. 그리고 격차가 벌어질수록, 학생 이동이 빈번하게 지속적으로 이루어질수록 시골 지역에 남은 학생들 또는 학부모들의 기대수준과 포부수준은 더욱 낮아질 수 있다. 반면에 도시 지역으로 이동하는 학생 또는 학부모들의 경우 이전보다 더욱 높은 지역사회에 대한 기대수준과 포부수준을 형성할 가능성이 크다. 동료들과의 경쟁도 긍정적 자극으로 작용할 것이다.

학업성취도 격차 실태와 그 요인 중 하나인 학생의 이동은 교사의 학생에 대한 기대수준에도 영향을 미칠 것이다. 교사의 기대수준은 학업성취도와 관련이 큰 것으로 설명되고 있다(Baker, 1999). 도시 지역에서 근무하다가 시골 지역으로 전근 온 교사들의 경우 도시 지역과 학업성취도의 격차 정도에 따라 학생들에 대한 기대수준이 달라질 수 있는 것이다. 그리고 시골 지역의 학교 내에서도 높은 학업성취도를 보이는 학생들이 이동을 할 경우 남아있는 학생들에 대한 기대수준은 떨어지게 될 것이다. 기대수준의 하락은 교육내용의 질로 이어질 수 있고, 이는 또다시 지역 간 학업성취도의 격차로 영향을 미칠 수 있다.

지역 간 학업성취도의 격차는 지역사회 구성원들의 교육에 대한 기대 수준도 하락시킬 것이다. 그리고 지역사회에 전반적으로 이런 인식이 팽배해지면, 여건이 가능한 구성원들은 자녀를 도시 지역으로 진학이동 시키는 것을 당연히 여기게 될 것이다. 심지어 자녀의 교육 환경을 이유로 도시로 이주하는 경우도 종종 발생할 수 있다.

이것은 지역사회의 교육 환경을 총체적으로 열악하게 할 수 있다. 차츰 학생들이 유출되기 시작하면서 학교나 사교육 시설의 존립 자체를 위협할 수 있기 때문이다.

이러한 상황은 더 나아가 지역 경제에도 심대한 영향을 미칠 수 있다. 학생이나 교육과 관련된 산업의 불황은 물론이고, 성인 인적 자원의 동반 유출은 지역 산업의 기반을 훼손할 수 있다. 그리고 학생들이 성인이 된 후에도 돌아오지 않을 경우 전체 인구의 감소로 이어질 것이다. 이는 산업 종사자 수의 감소로 이어지고, 지역 경제가 침체되는 상황을 맞이할 수 있다.

지역 간 학업성취도의 격차로 인하여 시골 지역의 학생들의 교육 기회가 갈수록 열악해지면서 이를 보완하기 위한 제도들도 생겨나고 있다. 실제 실시되고 있거나 추진되고 있는 대학입학 전형 방법 중 농어촌 특별 전형, 내신 성적의 반영 비율 확대, 고교입학 전형의 평준화 실시로의 복귀 등은 시골 지역의 교육 기회의 확대를 위한 제도적 환경의 변화라고 할 수 있다.

학업성취도 격차로 인하여 시골 지역의 학생 수와 교육시설이 감소하고, 격차의 확대와 교육 환경의 열악함은 시골 지역의 사회문제로 확대될 수 있다. 이에 대하여 지역사회 구성원들이 심각하게 인식할 수 있으며, 지역을 대표하는 정치인들이나 자치단체장, 지역시민단체에서 이에 대한 문제제기를 하기도 한다.[14] 앞서 설명한 제도

---

[14] 우형식 충남교육감권한대행은 11일 '충남교육청 사교육비 경감 후속대책'을 발표하면서 후속조치인 8대 과제를 시행하겠다고 밝혔다.(중략) 이를 위해 시골 소규모 학교의 경우 전액 수익자부담이 어려운 상황인 만큼 학생부담의 경감방안과 교사들에 대한 불이익이 없도록 도시 지역과 차액 지원하는 방법을 모색할 것이라고 강조했다.(중략) 우 권한대행은 '이번 사교육비 경감대책 시행으로 도시와 농어촌 간의 학력격차를 줄이는 데 충분한 효과가 나타날 것으로 기대'한다고 하였다.(대

의 변화에도 이들의 영향력이 적지 않다.15)

〈그림 Ⅱ-5〉는 지역 간 학업성취도 격차가 시골 지역의 사회문화적 환경에 미치는 영향을 보여준다.

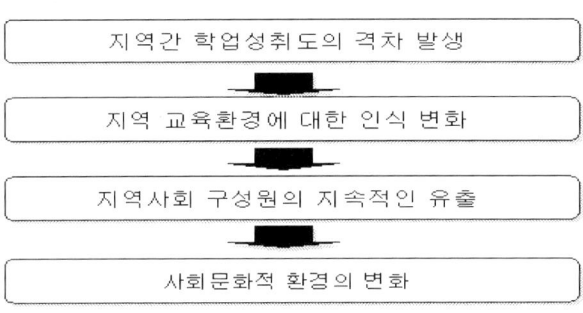

〈그림 Ⅱ-5〉 지역 간 학업성취도 격차가 시골 지역의
사회문화적 환경에 미치는 영향

---

전일보. 2004. 3. 12. 기사)

** 농어촌교육 살리기를 대대적으로 추진한다. 도교육청은 농어촌교육이 교육여건 열 악과 도·농 간 학력격차로 인한 주민들의 불신, 이에 따른 자녀 도시유학과 이농현상 등 반복적으로 되풀이되는 악순환을 해결하기 위해 그 문제점을 점검하고 참여정부의 농어촌교육 비전을 적극 추진한다는 계획이다.(전라일보. 2004. 3. 9. 기사)

15) 천안지역 고교 평준화를 위한 시민운동이 본격화될 전망이다.(중략) 시민연대 관계자는 '고등학교 비평준화제도로 인해 중학교 교육과정이 파행적으로 운영되고 있고 사교육비 증가, 지역주민의 분열·갈등 조장 등 폐해가 발생하고 있다'며 '가능하다면 올해 안에 천안시 고등학교 입시 평준화를 실현해 오는 2006년도 입시부터 적용하는 것을 목표로 하고 있다'고 말했다.(대전일보. 2004. 6. 23. 기사)

** 고교 평준화 실현을 요구하는 시민단체들의 목소리가 갈수록 높아지고 있다. 26일 오전 김해지역 '고교 평준화 실현을 위한 시민연대회의'는 김해시청에서 기자회견을 갖고 경남도교육청의 타당성 조사가 늦어져 2005년 평준화 시행을 어렵게 만들고 있다며 김해 시가지 순례에 나섰다.(국제신문 2004. 1. 26. 기사)

이상에서 살펴본 바와 같이 도시와 시골 지역 사이의 학업성취도 격차는 지역사회의 교육 환경에 막대한 영향을 미칠 뿐만 아니라, 심각할 경우 지역사회 교육의 공동화 현상을 유발할 수도 있다. 〈그림 Ⅱ-6〉은 학업성취도 격차의 원인과 결과가 시골 지역의 교육 환경에 미칠 수 있는 상황을 보여준다.

**〈그림 Ⅱ-6〉 지역 간 학업성취도 격차가 시골 지역의 교육 환경에 미치는 영향**

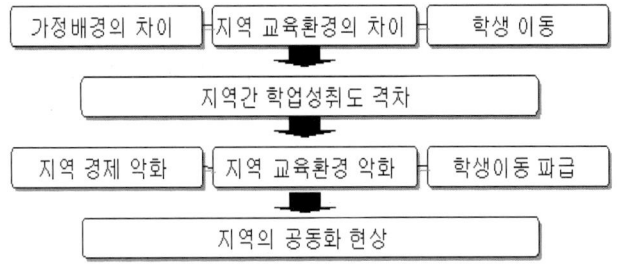

## 4. 연구 설계

### 가. 연구문제

이 연구의 목적은 도시 지역과 시골 지역 사이에 나타나는 학업성취도 격차의 원인을 분석하는 것이다. 지역 사이에 나타나는 학업성취도 격차의 원인은 이론적 배경에서 살펴본 것과 같이 여러 측면에서 이해될 수 있다. 첫째, 지역에 거주하는 인구의 특성, 즉 학업성취도와 관련된 것으로 이해되는 학생 가정배경의 수준이 다르기 때문에 나타나는 것일 수 있다. 둘째, 지역의 학교와 교육 환경이 다르기 때문에 나타나는 것일 수 있다. 셋째, 우수한 학생의 도시 지역 집중으로 나타나는 것일 수 있다.

여기에서 첫 번째 원인으로 지적한 가정배경 문제는 지역 사이의 학업성취도 격차라기보다는 부모의 학력, 직업이 영향을 미치는 계층 간 학업성취도 격차로 이해될 수 있다. 지역 사이의 학업성취도 격차를 확인하기 위하여서는 학생 가정배경을 통제하는 작업이 필요하다. 이 때문에 이 연구에서는 먼저 학생의 가정배경을 통제한 후에도 지역 사이의 학업성취도 격차가 존재하는지 확인하였다. 다음으로 가정배경이 통제된 후에도 도시와 시골 지역 사이의 학업성취도 격차가 존재한다면, 그것이 지역의 학교와 교육 환경의 차이 때문인지, 학생 이동으로 인한 것인지 확인하였다. 그리고 학업성취도의 격차로 인하여 시골 지역에는 어떠한 현상이 나타나는지 설명하려고 하였다.

이와 관련한 연구문제를 제시하면 다음과 같다.

1) 가정 배경의 통제 후에도 도시와 시골 지역 사이의 학업성취도 격차는 존재하는가?
2) 도시와 시골 지역 사이 학업성취도 격차의 원인은 무엇인가?
3) 도시와 시골 지역 사이 학업성취도 격차로 인하여 나타나는 시골 지역의 문제는 무엇인가?

첫 번째 연구문제는 도시와 시골 지역 사이에 존재하는 학업성취도 격차가 개인의 가정배경과 같은 지역 거주 가구의 특성에 의한 것인지를 확인하기 위한 것이다. 가정배경이 통제된 후에도 지역 사이의 학업성취도 격차가 존재한다면, 도시와 시골 지역 사이의 학업성취도 격차는 지역의 학교나 교육 환경 차이로 발생한 것이거나, 학생 이동으로 인하여 발생한 것으로 이해할 수 있을 것이다.

두 번째 연구문제는 도시와 시골 지역 사이의 학업성취도 차이가 학생 개인의 가정배경에 의한 것이 아니라는 결과 위에서 이루어지는 것이다. 가정배경을 통제한 후의 지역 환경이 학생의 학업성취도에 독립적인 영향을 미친다고 하면, 그 독립적인 영향력이 어떻게 발생하게 되는지 확인하는 것이다.

도시 지역의 교육 환경이 시골 지역보다 우수하기 때문이라면, 동일 시점 학업성취도를 통제하고, 일정 기간 이후 학업성취도에 대한 지역의 영향력을 확인할 경우에도 지역의 영향력이 유의미하게 나타날 것이다.

다음으로 우수 학생 이동 때문이라면, 중학교에서 고등학교 진학 단계의 학생들의 이동과 관련하여 실제로 학업성취도가 우수한 학생들이 도시 지역으로 집중되는지 확인해볼 필요가 있다.

세 번째 연구문제는 도시 지역과 시골 지역 사이에 존재하는 학업성취도 격차와 그 결과에서 비롯되었을 것이라 짐작되는 시골 지역의 문제점을 확인하는 것이다. 학업성취도 격차의 원인이 지역 교육 환경과 시골 지역의 우수학생 이동이라고 가정할 때, 시골 지역의 교육 환경은 도시 지역에 비하여 발전이 저해되거나 점차 악화될 것으로 판단된다.


## 나. 연구대상


### 1) 지  역


이 연구의 대상지역은 전라남도 목포시와 목포시 주변의 군 지역 가운데 무안, 영암, 해남 지역이다.

대상지역의 선정 기준은 학령인구의 이동 경향에 근거한 것이다. 학령인구의 이동 경향을 근거로 삼은 이유는 학령인구의 이동이 지역의 교육기회 실태와 무관하지 않다는 점과 그것이 지역 간 교육환경의 격차를 유발할 것이라고 이해되기 때문이다.

따라서 단순하게 행정구역 단위 내에서의 구분이나 도시화 정도, 인접지역 간의 비교가 아니라 실제 학령인구가 이동하는 경로를 보여주는 지역을 선정하였다. 선정과정에서는 학생들의 학업성취도 자료 확보가 가능한지를 최대한 감안하였다.

연구 대상지역인 목포시는 광주와 함께 전라남도 지역의 거점도시 역할을 하고 있다. 그러나 목포시는 광주시와 달리 주변 중소 도시와 생활권으로 연결되지 않아 인구 유입에 있어서도 주변 군 지역에서의 유입이 대부분을 차지한다. 또한 이 지역은 1990년부터 고교 평준화 해제 지역이어서 진학단계에서 학생 이동이 비교적 자유롭게 이루어지는 곳이다.

〈표 Ⅱ-16〉은 전라남도 목포시로 전입되는 학령인구의 이전 거주지역별(전출지역별) 수치를 정리한 것으로 목포시로 전입하는 학령인구의 주된 전출지역을 확인할 수 있다. 〈표 Ⅱ-16〉을 살펴보면 전체 학령인구 전입자의 절반 가까이가 전라남도 해남, 영암, 무안, 신안 등 주변 군 지역임을 확인할 수 있다. 특히 신안군으로부터의 전입자가 많다. 그러나 신안군은 섬이라는 특수성이 인구유출을 유도하는 것일 수 있으므로 연구대상에서 제외하였다. 이에 따라 거점도시인 목포시와 목포시로 학령인구 전출이 이루어지는 주변 세 개 군(무안, 영암, 해남) 지역을 연구대상으로 선정하였다.

〈표 Ⅱ-16〉 2000년 목포 전입 학령인구의 전출지역별 인구수와 비율

| 전출지역 \ 전입지역 구분 | 전라남도 목포시 전입 인구 | | | |
|---|---|---|---|---|
| | 만 10-14세 | | 만 15-19세 | |
| | 전입인구 | 전체 전입자 중 해당지역 전입자 비율 | 전입인구 | 전체 전입자 중 해당지역 전입자 비율 |
| 전라남도 여수시 | 18 | 1.55% | 17 | 1.46% |
| 전라남도 순천시 | 13 | 1.12% | 14 | 1.20% |
| 전라남도 나주시 | 10 | 0.86% | 17 | 1.45% |
| 전라남도 광양시 | 8 | 0.69% | 4 | 0.34% |
| 전라남도 담양군 | 5 | 0.43% | 2 | 0.17% |
| 전라남도 곡성군 | 11 | 0.95% | 7 | 0.60% |
| 전라남도 구례군 | 3 | 0.26% | 1 | 0.09% |
| 전라남도 고흥군 | 8 | 0.69% | 4 | 0.34% |
| 전라남도 보성군 | 3 | 0.26% | 0 | 0.00% |
| 전라남도 화순군 | 3 | 0.26% | 5 | 0.43% |
| 전라남도 장흥군 | 12 | 1.03% | 2 | 0.17% |
| 전라남도 강진군 | 19 | 1.63% | 8 | 0.68% |
| 전라남도 해남군 | 96 | 8.25% | 85 | 7.23% |
| 전라남도 영암군 | 117 | 10.05% | 62 | 5.28% |
| 전라남도 무안군 | 154 | 13.23% | 148 | 12.60% |
| 전라남도 함평군 | 15 | 1.29% | 17 | 1.45% |
| 전라남도 영광군 | 12 | 1.03% | 14 | 1.19% |
| 전라남도 장성군 | 1 | 0.09% | 0 | 0.00% |
| 전라남도 완도군 | 20 | 1.72% | 42 | 3.57% |
| 전라남도 진도군 | 45 | 3.87% | 47 | 4.00% |
| 전라남도 신안군 | 159 | 13.66% | 227 | 19.32% |
| 전라남도 소계 | 732 | 62.92% | 723 | 61.57% |
| 기타 지역 | 432 | 38.08% | 452 | 38.43% |
| 총 ** 계 | 1164 | 100.00% | 1175 | 100.00% |

*자료: 2000년 주민등록 인구이동 통계

대상지역으로 선정된 목포지역은 1990년도부터 2004년도 현재까지 고교 평준화 해제 지역이다.[16] 입학전형은 내신 70%, 선발고사 30%로 학생을 선발하며 지원 지역을 제한하지 않는다. 목포시로 주소지 이동을 하지 않은 인근 군 지역의 중학생들도 합법적으로 진학이동이 가능하므로 선정된 주변 군 지역의 학령인구 이동 통계 수치는 실제보다 축소된 것일 수 있다.

연구대상 지역의 교육과 관련된 전반적인 실태는 다음과 같다.

가) 지리와 산업, 행정, 인구

전라남도의 총면적은 12,036㎢로 전 국토의 약 12% 이상을 차지하고 있으며, 경지면적은 17%로 비교적 넓은 편이다. 총인구는 2003년 현재 2,024,421명이다. 2004년 현재 행정구역은 목포, 여수, 순천을 비롯한 5개시와 17군 31읍 198면이며, 가구 수는 73만 1092가구이다 (전라남도청 홈페이지).

1차 산업 중심의 산업 구조로 인하여 낮은 소득과 더욱 많은 여건에서 자녀를 교육시키려는 교육열로 말미암아 이농 현상이 가속화되고 도시나 공업 지역으로 이주하는 등 인구는 계속 감소하고 있다 (이두휴, 2004: 74)

---

16) '교육감이고등학교의입학전형을실시하는지역에관한규칙중개정령'(교육인적 자원부령 제828호)에 의거하여 2005학년도부터 다시 고교입시 평준화 지역으로 분류되었다.

〈그림 Ⅱ-7〉 연구대상 지역

연구대상 지역인 목포시와 무안, 영암, 해남군은 전라남도의 서부권에 해당하는 지역이며, 목포시를 중심으로 세 개군이 인접하여 있다. 목포시는 1996년 목포권 지역의 경제 활성화를 위해 조성된 대불산업단지로 인해 다양한 산업이 육성되고 있는 반면, 무안, 영암, 해남군의 산업은 밭농사와 리아시스식 해안을 이용한 해운업에 집중적으로 치중되어 있다(목포시청·무안군청·영암군청·해남군청 홈페이지).

각 지역의 행정구역은 다음 〈표 Ⅱ-17〉와 같이 구성되어 있다.

〈표 Ⅱ-17〉 연구대상 지역의 행정구역

| 구 분 | 계 | 읍 | 면 | 동 |
|---|---|---|---|---|
| 목포시 | 26 | | | 26 |
| 해남군 | 14 | 1 | 13 | |
| 영암군 | 11 | 2 | 9 | |
| 무안군 | 9 | 2 | 7 | |

* 자료: 전라남도청 홈페이지.

목포시는 1949년 목포부를 목포시로 개칭한 이후, 1963년 무안군 상리, 용당리, 달리, 율도 등을 편입하였으며, 1987년 무안군 삼향면 옥암리, 대양리 등을 다시 편입하여 26개동이 되었다. 해남군은 1914년 해남 인접지역을 병합하여 13개면으로 개편하였으며, 1955년 해남면이 읍으로 승격되었다. 1983년 북평면을 나누어 북일면을 신설하여 1읍 13면으로 하였으며, 1992년 현재의 1읍 13면의 구성을 이루었다. 영암군은 1979년 영암면이 읍으로 승격되었으며, 2003년 삼호면이 읍으로 승격된 후 현재 2읍 9면이 되었다. 무안군은 1969년 신안군이 분군 되어 육지부 8개면을 관할하게 되었으며, 이후 1979년 무안면이 읍으로 승격된 후, 1980년 일로면이 읍으로 승격되고, 1983년 운남출장소가 면으로 승격되면서 현재까지 2읍 7개면이 되었다(목포시청·무안군청·영암군청·해남군청 홈페이지). 연구대상 지역의 전체 인구와 학령인구 수와 변화 추이를 보면 〈표 Ⅱ-18〉과 같다. 전체 인구의 경우 전국 평균과 목포시 지역은 조금씩 증가하였으나, 군 지역의 경우 조금씩 감소하는 추세를 나타낸다. 그러나 학령인구의 경우는 전 지역이 모두 감소하는 경향을 보이고 있다. 출산율 저하 등으로 인하여 전반적인 학령인구의 비중이 낮아지는 것은 자연감소에 의한 것이라 볼 수 있으나, 특히 군 지역의 감소폭은 매우 크다. 해남군이 20.96%에서 11.93%로, 영암군이 20.33%에서 10.83%로, 무안군이 21.36%에서 11.62%로 떨어지는 등, 군 지역의 경우 1993-2003년 사이에 전체인구에서 학령인구가 차지하는 비중이 거의 절반 가까이로 떨어지고 있음을 알 수 있다. 이는 군 지역의 학령인구가 출생률 저하 등의 자연 감소율 외에 이동과 같은 다른 요인이 작용하고 있음을 시사한다.

〈표 Ⅱ-18〉 연구대상 지역의 전체 인구 / 학령인구 변화

(단위: 명)

| 구 분 | | 1993 | 1997 | 2000 | 2003 |
|---|---|---|---|---|---|
| 전 국 | 전체인구 | 45,001,113 | 46,684,069 | 47,732,558 | 48,386,823 |
| | 학령인구 | 8,110,073 | 7,401,291 | 6,882,634 | 6,591,349 |
| | 비율(%) | 18.02 | 15.85 | 14.42 | 13.62 |
| 목포시 | 전체인구 | 227,117 | 250,178 | 245,831 | 241,460 |
| | 학령인구 | 50,530 | 47,185 | 40,376 | 35,777 |
| | 비율(%) | 22.25 | 18.86 | 16.42 | 14.82 |
| 해남군 | 전체인구 | 111,776 | 99,392 | 99,358 | 89,981 |
| | 학령인구 | 23,426 | 16,903 | 13,888 | 10,736 |
| | 비율(%) | 20.96 | 17.01 | 13.98 | 11.93 |
| 영암군 | 전체인구 | 66,051 | 63,863 | 65,495 | 63,267 |
| | 학령인구 | 13,428 | 9,653 | 8,086 | 6,854 |
| | 비율(%) | 20.33 | 15.12 | 12.35 | 10.83 |
| 무안군 | 전체인구 | 79,381 | 71,919 | 70,467 | 63,681 |
| | 학령인구 | 16,952 | 12,159 | 9,688 | 7,397 |
| | 비율(%) | 21.36 | 16.91 | 13.75 | 11.62 |

* 자료: 통계청(1993:1997:2000:2003), 주민등록인구 조사.
* 학령인구는 지역통계 연보에서 만 10세-19세 인구임.

나) 교 육

연구대상 지역의 학교 수와 학생 수의 추이를 보면 〈표 Ⅱ-19〉와 같다. 학생 수는 전반적으로 줄어들고 있으며, 이는 학생 수의 자연 감소와 학생 이동 등의 복합적 요소에 의한 경향으로 예상된다. 학교 수를 보면 목포시의 초등학교를 제외하고 전반적으로 그 수가 감소하고 있다. 감소하는 정도를 세부적으로 보면 목포시보다는 군 지역의 학교 수가 급격하게 줄어들고 있다는 것을 확인할 수 있다.

〈표 Ⅱ-19〉 연구대상 지역의 학교 수와 학생 수(1993-2003)

| 구 분 | | | 1993 | 1997 | 2000 | 2003 |
|---|---|---|---|---|---|---|
| 목포시 | 초등학교 | 학교 수 | 23 | 27 | 26 | 29 |
| | | 학생 수 | 25,899 | 22,558 | 22,182 | 23,622 |
| | 중학교 | 학교 수 | 13 | 13 | 13 | 13 |
| | | 학생 수 | 17,036 | 15,236 | 11,809 | 10,722 |
| | 일반계고 | 학교 수 | 13 | 10 | 10 | 11 |
| | | 학생 수 | 13,716 | 12,942 | 11,301 | 9,356 |
| | 실업계고 | 학교 수 | 5 | 5 | 5 | 4 |
| | | 학생 수 | 6,759 | 7,514 | 6,288 | 3,644 |
| 해남군 | 초등학교 | 학교 수 | 57 | 48 | 40 | 37 |
| | | 학생 수 | 10,562 | 6,898 | 6,386 | 5,917 |
| | 중학교 | 학교 수 | 22 | 15 | 15 | 15 |
| | | 학생 수 | 6,811 | 4,757 | 3,506 | 2,824 |
| | 일반계고 | 학교 수 | 3 | 2 | 2 | 2 |
| | | 학생 수 | 778 | 1,159 | 944 | 878 |
| | 실업계고 | 학교 수 | 4 | 4 | 4 | 4 |
| | | 학생 수 | 1,959 | 2,758 | 2,065 | 1,251 |
| 영암군 | 초등학교 | 학교 수 | 35 | 31 | 23 | 23 |
| | | 학생 수 | 5,810 | 4,222 | 4,377 | 4,749 |
| | 중학교 | 학교 수 | 31 | 11 | 12 | 12 |
| | | 학생 수 | 3,748 | 2,603 | 1,984 | 1,703 |
| | 일반계고 | 학교 수 | 3 | 3 | 3 | 3 |
| | | 학생 수 | 1,274 | 1,250 | 1,043 | 846 |
| | 실업계고 | 학교 수 | 2 | 2 | 2 | 2 |
| | | 학생 수 | 618 | 1,095 | 793 | 498 |
| 무안군 | 초등학교 | 학교 수 | 39 | 34 | 28 | 26 |
| | | 학생 수 | 7,067 | 4,567 | 4,351 | 4,161 |
| | 중학교 | 학교 수 | 32 | 8 | 8 | 8 |
| | | 학생 수 | 4,440 | 3,079 | 2,107 | 1,846 |
| | 일반계고 | 학교 수 | 4 | 3 | 3 | 4(확인) |
| | | 학생 수 | 826 | 1,102 | 1,023 | 902 |
| | 실업계고 | 학교 수 | 2 | 2 | 2 | 2 |
| | | 학생 수 | 1,926 | 1,835 | 1,191 | 795 |

* 자료: 목포시(1993:1997:2000:2003). 목포통계연보.. 무안군(1993:1997:200
   0:2003). 무안통계연보.. 영암군(1993:1997:2000:2003). 영암통계연보..
   해남군(1993:1997:2000:2003). 해남통계연보. 자료를 재구성한 것임.

군 지역의 고등학교 수의 경우 감소하고 있지는 않지만 목포시에 비하여 상대적으로 그 수가 적고, 특히 일반계 고등학교의 경우는 목포시와 큰 격차를 보이고 있다. 군 지역의 일반계 고등학교의 수가 적다는 것은 학생들이 학교를 선택하는 데 있어 큰 장애가 되는데, 이는 〈표 Ⅱ-20〉를 통하여 확인할 수 있다. 군 지역은 행정구역별로 일반계 고등학교가 없는 읍·면 지역이 대부분이며, 실업계 고등학교를 포함하여도 고등학교가 있는 읍·면 지역보다는 없는 지역이 더 많았다. 따라서 고등학교를 진학하면 다른 읍·면 지역으로 통학하여야 하는 실정이다. 더욱이 중학교가 없는 면 지역도 있어서 초등학교를 졸업 한 이후부터 줄곧 다른 읍·면 지역으로 통학을 하거나 거주지를 이전하여야 하는 상황도 예상할 수 있다.

〈표 Ⅱ-20〉 연구대상 군 지역의 행정구역별 초·중·고등학교 분포(2004년)

| 해남 | 해남읍 | 삼산면 | 화산면 | 현산면 | 송지면 | 북평면 | 북일면 | 옥천면 | 계곡면 | 마산면 | 황산면 | 산이면 | 문내면 | 화원면 |
|---|---|---|---|---|---|---|---|---|---|---|---|---|---|---|
| 초등학교 | 2 | 1 | 2 | 2 | 4(2) | 1 | 1(1) | 1 | 1(1) | 1(1) | 2(2) | 2(1) | 3(1) | 1(1) |
| 중학교 | 2 | 0 | 1 | 1 | 1 | 1 | 1 | 1 | 1 | 0 | 1 | 1 | 2 | 1 |
| 일반계고 | 1 | 0 | 0 | 0 | 0 | 0 | 0 | 0 | 0 | 0 | 0 | *0 | 0 | 0 | 1 |
| 실업계고 | 1 | 0 | 0 | 0 | 0 | 1 | 0 | 0 | 0 | 0 | 1 | 0 | 0 | 0 |

| 영암 | 영암읍 | 삼호읍 | 덕진면 | 금정면 | 신북면 | 시종면 | 도포면 | 군서면 | 서호면 | 학산면 | 미암면 |
|---|---|---|---|---|---|---|---|---|---|---|---|
| 초등학교 | 1 | 5 | 1 | 1 | 1 | 2 | 1 | 1 | 1 | 2 | 2 |
| 중학교 | 2 | 2 | 0 | 1 | 1 | 1 | 1 | 1 | 1 | 1 | 1 |
| 일반계고 | 2 | 0 | 0 | 0 | 0 | 0 | 0 | 0 | 0 | 0 | 0 |
| 실업계고 | 0 | 0 | 0 | 0 | 1 | 0 | 0 | 1 | 0 | 0 | 0 |

| 무안 | 무안읍 | 일로읍 | 해제면 | 현경면 | 망운면 | 운남면 | 청계면 | 몽탄면 | 삼향면 |
|---|---|---|---|---|---|---|---|---|---|
| 초등학교 | 2 | 2 | 3 | 3 | 1 | 1 | 3 | 3 | 3 |
| 중학교 | 2 | 1(제중) | 1 | 1 | 1 | 0 | 1 | 1 | 0 |
| 일반계고 | 2 | 0 | 1 | 1 | 0 | 0 | 0 | 0 | 0 |
| 실업계고 | 0 | 1(체고) | 0 | 0 | 0 | 0 | 0 | 0 | 1(예고) |

* 자료: 각 군청 홈페이지.( )는 분교.

연구대상 지역 중 목포시는 1981년도부터 1989년도까지 고교입시 평준화 지역이었으나, 1990년도 이후 고교입시 평준화가 해제되었다. 그리고 '교육감이고등학교의입학전형을실시하는지역에관한규칙중개정령'(교육인적 자원부령 제828호)에 의거하여 2005학년도부터 다시 고교입시 평준화 지역으로 분류되었다. 그리고 군 지역은 본래 고교입시 평준화 해제 지역이었다. 그러므로 연구대상 지역의 대상 학생들은 평준화 정책이 실시되지 않은 상태에서 고등학교를 진학하였거나 진학을 준비 중인 학생들이었다. 목포시 2004년도 일반계 고등학교 입학자를 위한 고등학교 입학전형은 내신 70%, 선발고사 30%로 학생을 선발하며 지원 지역을 제한하지 않았다. 따라서 목포시로 주소지 이동을 하지 않은 인근 군 지역의 중학생들도 합법적으로 진학이동이 가능하였다. 앞으로 목포시는 2005년 고교 신입생부터 평준화 정책을 실시할 예정이어서, 교육 환경의 변화를 예상하고 있다.

연구대상지역의 교육복지 수준은 김병욱·김인홍·이두휴(1999)의 '광주·전남지역 교육복지의 수준 분석'의 논의를 통하여 간접적으로 확인할 수 있다. 교육기회의 보장이라는 측면에서 실질적인 교육기회로 볼 수 있는 학급당 학생 수나 교사 1인당 학생 수는 평균보다 현저히 낮아 외형상으로 보면 학생들에게 제공되는 교육의 질은 적절한 것으로 평가될 수 있다. 그러나 전남지역의 실질적인 교육여건이 우수한 것처럼 보이는 주된 이유는 학생 수의 감소에 따른 학교규모의 영세화에 기인한다. 학교의 교육서비스에 대한 만족도는 보통수준인 것으로 나타났다. 이 연구는 교육서비스에 대해 존재하는 불만족의 원인은 인적 요소보다는 제도적인 측면과 더 밀접한 관련을 맺고 있다고 지적하고 있으며, 교육지원 체제의 측면에서 보면, 교육기자재나 장학금 지급 등에서 전남은 전국적으로 하위권에 속하고 있다.

교원과 관련해서는 교원인사제도의 공정성에 대한 교원들의 불신이 매우 높다고 지적하고 있다. 근무평정제도, 승진제도, 교원전보제도, 순환근무제도, 교내인사위원회의 구성과 활동 등에 대하여 교원들의 평가는 부정적이었다. 이와 같은 반응은 교원의 사기를 저하시키고, 나아가서 교육활동에 영향을 미친다는 점에서 주목할 필요가 있다.

연구대상 지역의 교직문화는 이두휴(2004)의 연구를 통해서도 알 수 있다. 전남지역의 경우 도시라 하더라도 사회문화적 혜택이 크지 않지만, 농촌의 사회문화적 혜택은 전무한 실정이기 때문에 그 지역에 근무하는 교사들은 가능하면 도시로 이동하려 한다. 도시근무가 불가능하면 최소한 도시로부터 통근이 가능한 지역으로 옮기려 하며, 또 다른 해결방안으로 일부 교사들은 농어촌의 비중이 낮음 타시도, 특히 수도권 지역으로의 도외 전출을 희망하기도 한다. 따라서 교사들의 수업활동은 상대적으로 느슨하고 형식화되는 경향이 강하다고 지적한다.


2) 연구자료


가) 목포시, 무안군, 영암군, 해남군 중·고등학생 자료


① 자 료


2003년도 현재 대상 지역 내 중학교 3학년 학생과 고등학교 3학년 학생의 성적과 가정배경 자료를 수집하였다. 대상 표집은 각 지역 소재 중학교와 고등학교를 중심으로 이루어졌으며, 지역별로 주요 학교들을 비슷한 수로 선정하여 이루어졌다.

중학교의 경우 총 9개교 14개 학급의 학생 400명의 2003년 10월 모

의고사 성적, 부모 직업, 부모 학력, 진학 예정 고등학교 자료를 수집하였다. 고등학교의 경우 총 7개교 14개 학급의 학생 395명의 2003년 6월, 9월 모의고사 성적, 부모학력, 부모직업을 수집하여 분석하였다.

자료수집 대상의 지역별 학교 수와 학생 수는 〈표 Ⅱ-21〉과 같다.

〈표 Ⅱ-21〉 지역별 표집 학교 수와 학생 수

| 구 분 | | 중학교 | | 고등학교 | |
|---|---|---|---|---|---|
| | | 학 교 | 인 원 | 학 교 | 인 원 |
| 시 | 목 포 | 2 | 126 | 2 | 126 |
| | 무 안 | 2 | 86 | 2 | 137 |
| 군 | 영 암 | 3 | 94 | 1 | 74 |
| | 해 남 | 2 | 94 | 2 | 58 |
| 계 | | 9 | 400 | 7 | 395 |

② 변인의 조작적 정의

㉮ 종속변인

(1) 학업성취도

국가와 도(道) 수준에서 실시한 모의고사 성적을 학생의 학업성취도로 사용하였다. 학교 급별 세부 내용은 다음과 같다.

－중학생

중학생의 경우 전라남도 교육청에서 주관하여 2003년 10월 30일 실시된 '전남지역 고입적응고사'(이하 '모의고사') 성적을 사용하였다. 이 시험은 도내 252개 중학교 3학년 23,190명 전체를 대상으로 한 것으로, 대상 지역이나 학교와 상관없이 동일한 기준에 의해 평가된

성적이다.

학업성취도 분석에는 모의고사의 과목별 점수와 총점을 모두 사용하였다.

– 고등학생

고등학생의 경우 2003년 6월과 9월 2회에 걸쳐 실시된 한국교육과정평가원의 수학능력평가 모의고사 성적 가운데 언어 영역, 수리탐구 영역, 외국어 영역 점수를 사용하였다. 학생의 성적을 과학탐구 영역과 사회탐구 영역을 제외한 세 개 영역의 성적으로 한정한 이유는 다음과 같다.

첫째, 과학탐구 영역과 사회탐구 영역의 가중치가 계열별로 다르기 때문이다. 고등학생 자료 수집에서 자연계와 인문계 학생 구분이 명확히 이루어지지 않았으며, 재확인 결과 학교별 계열 비율이 다르고, 분리해서 분석할 경우 사례 수의 축소로 신뢰성 있는 연구 결과 획득에 어려움이 예상되었다.

둘째, 언어 영역, 수리탐구 영역, 외국어 영역은 이른바 '주요교과'와 직접적인 관련이 있는 과목으로 이 세 영역의 성적이 학생의 학업성취도를 대표하는 데 무리가 없다고 판단되었다.

㉯ 독립변인

(1) 가정배경

가정배경의 지표는 이론적 배경에서 열거한 하위요소들 가운데 생활기록부에 등재된 부모의 학력과 직업을 사용하였다. 세부 내용은 다음과 같다.

- 부모학력

아버지의 학력을 기준으로 하였으며, 아버지가 없는 경우에는 어머니의 학력을 사용하였다. 학력은 초등학교 이하부터 대학원 이상까지 5단계로 분류하였으며 1점부터 5점까지 배점하였다. 구체적인 학력구분과 점수 배점은 〈표 Ⅱ-22〉과 같다.

〈표 Ⅱ-22〉 부모학력 변인의 학력구분과 점수 배점

| 학력구분 | 점수배점 | 비 고 |
|---|---|---|
| 대학원 이상 | 5점 | |
| 전문대학, 4년제 대학 | 4점 | |
| 고등학교 | 3점 | |
| 중학교 | 2점 | |
| 초등학교 이하 | 1점 | |

- 부모직업

아버지의 직업을 기준으로 하였으며 아버지가 없는 경우에는 어머니의 직업을 사용하였다. 직업은 전문직, 관리직부터 단순노무직까지 5단계로 분류하였으며 1점에서 5점까지 배점하였다. 생활기록부상의 직업기록 기준이 학교, 학급별로 다르게 나타나는 경향이 있었던 관계로 기록부상 제시된 직업 분류내용과 함께 배점내용을 〈표 Ⅱ-23〉에 구체적으로 제시하였다.

〈표 Ⅱ-23〉 부모직업 변인의 직업구분과 점수 배점

| 직업구분 | 생활기록부 기재내용 | 점수배점 |
|---|---|---|
| 고위 관리직, 전문직 | 건설업, 건축기사, 교수, 기자, 김 공장(사업) 남광토건, 녹십자이사, 농장경영, 마취과의사, 목회자, 무역업, 벤처사업, 병원장, 보험회사본부장, 사업, 사업가, 서기관,삼호조선, 서예가, 수의사, 약사, 언론기자, 외교관, 은행지점장, 의사, 전기전자사업, 전화국장, 중앙교육진흥연구소, 치과의사, 컨설턴트, 프로듀서, 회사부사장, 회사원(이사) | 5점 |
| 교사, 준전문가, 사무직 | 건축업, 교사, 조경업, 경찰, 경찰공무원, 공무원, 군청공무원, 기능직공무원, 기술자, 기술직(기계설비), 기술직(해태기계), 농협, 농협직원, 사무직, 수협직원, 시청공무원, 신용보증기금, 엔지니어, 영업사원, 은행원, 인테리어, 증권회사, 지하철공사, 직업군인, 철도공무원, 체신공무원, 피아노강사, 한국교육기술원, 한국자산관리공사, 한라조선직원, 해경, 행남자기(모), 현대건설(회사원), 회사원, 회사원(자동차학원), 회사원(건설회사), LG건설(회사원), LG전선(회사원), SK에너지(회사원) | 4점 |
| 판매영업직, 서비스직 | 간판업, 의류업, 개인택시, 공인중개사, 공인중계사, 낚시점, 농약사, 다방업, 레스토랑, 미용사(모), 미용업, 보험설계사, 보험업, 부동산업부동산임대업, 사진관, 상업, 상업(석유유통업), 상업(식당), 상업(어류), 상업(전파사), 설비업, 세탁소, 숙박업, 식당, 식육점, 오토바이가게, 요리사, 우유대리점소장, 운수업, 운수업(레미콘), 운수업(화물), 유원건설, 유통업, 음식점, 자영업, 자영업(식당), 자영업(요식업), 전자대리점, 주유소, 철물점, 측량기판매직원, 택배, 택시기사, 택시운전 | 3점 |
| 농림어업직, 기능기계 조작원 | 농어업, 농수산업, 농업, 어업, 축산업, 수산업 | 2점 |
| 단순노무직 이하 | 일용 근로자, 무직, 주부 | 1점 |

그리고 중학생, 고등학생 자료 주요 변인의 기술통계 수치는 〈표 Ⅱ-24〉와 같다.

〈표 Ⅱ-24〉 변인의 평균과 표준편차

| 구 분 | | 전 체 | | | 시 지역 | | | 군 지역 | | |
|---|---|---|---|---|---|---|---|---|---|---|
| | | 빈 도 | 평 균 | 표준편차 | 빈 도 | 평 균 | 표준편차 | 빈 도 | 평 균 | 표준편차 |
| 중학생 | 전 과목 총점 | 400 | 111.70 | 34.81 | 126 | 117.55 | 35.37 | 274 | 109.01 | 34.28 |
| | 부모학력 | 374 | 2.90 | .79 | 124 | 3.20 | .75 | 250 | 2.74 | .76 |
| | 부모직업 | 392 | 2.95 | .95 | 125 | 3.32 | .98 | 267 | 2.78 | .88 |
| 고등학생 | 6월 3개 영역 총점 | 374 | 149.51 | 54.10 | 126 | 206.99 | 29.05 | 248 | 120.30 | 38.09 |
| | 9월 3개 영역 총점 | 353 | 136.98 | 53.36 | 121 | 194.52 | 26.50 | 232 | 106.97 | 36.55 |
| | 부모학력 | 289 | 2.70 | .90 | 126 | 3.09 | .89 | 163 | 2.39 | .78 |
| | 부모직업 | 292 | 2.99 | .99 | 126 | 3.40 | .97 | 166 | 2.67 | .88 |

(2) 지 역

지역은 도시 지역으로 볼 수 있는 시 지역과 시골 지역으로 볼 수 있는 군 지역으로 구분하고 더미 변인으로 사용하였다. 그 내용은 〈표 Ⅱ-25〉과 같다.

〈표 Ⅱ-25〉 지역 변인

| 지역 가변 수 | | 내 용 | 비 고 |
|---|---|---|---|
| 시 | 1 | 목포시 | |
| 군 | 0 | 무안군, 영암군, 해남군 | 비교집단 |

나) 지역 교육 환경 관련 통계자료와 면담

① 자 료

　도시와 시골 지역의 교육 환경 차이를 확인하기 위하여 국가 수준 통계연보와 해당 지역통계연보, 통계청의 인구이동 통계 자료, 인구 주택 총조사 2% 자료 등을 사용하였다.
　또한 수치로 확인하기 어려운 사항에 대해서는 지역의 교사, 학부모, 학생 면담을 통하여 확인하였다. 면담 대상자는 연구자가 지역 자료를 수집하는 과정에서 알게 된 교사와 교사의 추천으로 알게 된 학생과 학부모 중에서 지역과 연령대, 학업성취도 수준 등을 감안하여 선정하였다. 면담 대상의 인적사항은 〈표 Ⅱ-26〉과 같다.

〈표 Ⅱ-26〉 연구대상자의 인적사항

| 성명(가명) | | 성 별 | 나 이 | 주요 특징 |
|---|---|---|---|---|
| 교 사 | 강진호 | 남 | 52 | 시 소재 고등학교 교감, 교사경력 20년, 공립. |
| | 송성애 | 여 | 37 | 군 소재 중학교 교사, 4년째 근무 중, 교사경력 14년, 공립, 영어, 환경 과목 담당. |
| | 차진석 | 남 | 41 | 군 소재 고등학교 교사, 교사경력 15년, 공립, 사회과목 담당. |
| 장학사 | 이성실 | 남 | 47 | 군 지역 장학사, 교육경력 23년, 전문직 경력 3년. |
| 학부모 | 구나현 | 여 | 44 | 윤석훈(가명) 학생의 학부모, 초등학교 보습학원 원장, 대졸. |
| | 최만재 | 남 | 41 | 최혜수 학생의 학부모, 농업, 고졸. |
| 학 생 | 윤석훈 | 남 | 16 | 고등학교 1학년, 주변 군 지역에서 시 소재 고등학교로 진학한 학생, 누나 또한 시 소재 고등학교로 진학하였음. |
| | 최혜수 | 여 | 15 | 군 소재 중학교 3학년 학생, 전교 1등, 언니는 지역 특수목적 고등학교에 진학하였음. |

교사는 진학 이동해 간 학생들과 그렇지 않은 학생들의 실태를 파악하기 위하여 군 지역 중학교 3학년 담임교사 1인, 진학 이동해 온 학생들의 실태를 파악하기 위하여 목포시의 이른바 '명문'고등학교의 교사 1인, 진학이동하지 않고 군 지역 거주지에 남은 학생들의 실태를 파악하기 위하여 군 지역 일반계 고등학교 교사 1인을 선정하여 면담하였다. 학생은 교사, 동료집단의 영향 등 진학이동의 효과에 대한 인식을 파악하기 위하여 목포시로 진학이동한 고등학교 1학년 학생, 진학이동을 희망하며 군 지역 중학교에 재학 중인 중학교 3학년 학생을 면담하였다. 그리고 그들의 부모를 면담하여 지역의 교육 환경과 학생 이동에 대한 지역사회의 인식을 알아보았다. 이외에도 목포시와 군 지역의 다른 교사들, 장학사와의 면담을 통하여 지역의 실정을 충분히 이해하면서 면담을 진행하였다.

면담은 대상에 따라 구조화된 면담을 선행하기도 하였으나, 주로 반구조화된 면담을 활용하였다. 교사를 대상으로 한 경우 일정한 질문의 틀이 제시되어 있는 질문지를 통하여 자료를 먼저 수집한 후, 반구조화된 면담을 사용하여 관련 내용을 추가하는 방식으로 면접하였다. 학부모와 학생의 경우 반구조화된 면담을 사용하여 자료를 수집하였다. 면담을 실시하는 데 있어서 이동의 의미, 지역 간 학업성취도의 격차, 지역 간 교육 환경의 격차 등과 관련하여 미리 준비된 내용을 차례대로 질문하고 필요에 따라 보충적인 질문을 더하는 방식을 취하였다.

면담은 대상자들이 가능한 시간을 이용해 전화 통화로 실시하였으며, 15-30분 정도의 1차 통화 후에 대상에 따라 3-4회의 추가 통화를 실시하였다.

계속적인 면담의 과정을 거치면서 수집된 자료들을 수정·보완하여 덧붙이고 그 내용을 분류하고 정리하였다. 이 과정에서 분석의 적절성을 확인하기 위하여 추가적인 면담을 계속 실시하였으며, 대상자 외의 교사들과도 개별 면담을 통하여 분석내용의 타당성을 검증하였다.

② 분석 범주

지역의 교육 환경은 인적 환경과 물리적 환경, 그리고 사회문화적 환경 등이 복합적으로 작용하여 형성된다. 구체적으로는 이론적 배경에서 제시한 여러 가지 지표들이 제시될 수 있다(〈표 II-10〉참조). 그러나 이 연구에서는 이 가운데 수집 가능한 내용에 한정하여 분석 범주를 설정하였다. 이 연구에서 설정한 분석 범주는 다음과 같다.

첫째, 지역 교육 환경 가운데 학생들의 학업성취에 영향을 미칠 것으로 생각되는 지역의 인적 환경을 살펴보았다. 지역 인적 환경에서는 해당 지표 가운데 학령인구의 분포와 지역 학령인구 가구주의 학력, 교사의 수를 분석 범주로 설정하였다.

지역에서 학령인구의 분포는 학생들의 동료집단 구성, 참조집단의 존재와 관련된 것이며, 학령인구 가구주의 학력은 참조집단의 수준과 관련된 것이다. 시골 지역에서 학령인구의 감소는 지역사회가 노령화되어가는 것을 의미하며 직업이나 학습에 있어서 참조집단을 찾거나 동료집단을 구성하는 데 불리한 요인으로 작용한다. 또한 학령인구 가구주의 학력이 낮을수록 참조집단의 수준이 낮아짐을 의미하고 이는 학생들의 학업성취도에 대한 포부수준을 낮추게 되는 요인이 될 수도 있다. 교육 환경으로서 학령인구의 분포나 지역사회 학령인구 가구주의 학력이 다루어지는 이유는 이 때문이다. 다음으로 학교의 교사 수 문제는 학교규모와 관련된 것이다. 학교당 교사 수가 축소되는 경우 상치교사 문제와 학교 행정업무 분담 측면에서 교사의 1인당 업무량 증가가 불가피하게 된다. 이러한 상황은 수업의 질을 위협하는 요인이 될 수 있다는 점에서 확인될 필요가 있다.

둘째, 지역의 물리적인 환경으로서 실업계 고등학교와 일반계 고등
학교의 분포, 사설학원의 분포를 살펴보았다. 물리적 환경에는 도서관,
박물관 등의 평생학습 시설도 교육과 관련되어 있으나, 소규모의 지역
비교에서 큰 격차를 보이지 않아 제외하였다. 물리적 환경인 실업계
고등학교와 일반계 고등학교의 분포는 지역사회 구성원들이 지역사회
에서 누릴 수 있는 교육 환경의 차이를 보여주는 것이다. 예를 들면,
지역사회 내에 실업계 고등학교의 비율이 높아질수록 대학진학을 기
대하는 학생들에게는 불리한 교육 환경으로 작용할 수 있다. 사설학원
의 경우, 학교교육 이외에 다른 교육기회를 누릴 수 있는가와 관련된
것으로, 학원의 수가 적을수록 불리한 교육 환경이라고 할 수 있다.

셋째, 사회 문화적 환경 가운데 학교 교육 환경과 관련된 것으로
서 교사의 학생에 대한 기대수준을 살펴보았으며, 도시와 시골 지역
사이의 학교 내 동료집단의 차이를 확인하려고 하였다. 동료집단의
경우 동료집단이 학업성취도에 긍정적 영향을 미치고 있는지 살펴보
았다. 〈표 Ⅱ-27〉는 이러한 내용을 표로 정리한 것이다.

〈표 Ⅱ-27〉 지역통계자료와 면담내용 분석 범주

| 교육 환경 | | 내 용 |
|---|---|---|
| 인적 환경 | 학령인구 | 전체 인구에서 학령인구 점유율 |
| | 학령인구 부모학력 | 지역 내 학령인구 포함 가구 가구주의학력 |
| | 교 사 | 학교 교사의 수 |
| 물리적 환경 | 학 교 | 지역 내 일반계 고교와 실업계 고교분포와 실업계 고교 비중 |
| | 학교 외 시설 | 지역 내 학령인구 1,000명당 학원 수, 강사 수 |
| 사회문화적 환경 | 교 사 | 학생에 대한 교사의 인식과 기대수준 |
| | 동료집단 | 학업성취도 자극집단으로서의 동료집단 역할 여부 |

## 다. 연구 모형과 분석방법

### 1) 연구의 모형

연구문제에 답하기 위한 연구의 모형은 〈그림 Ⅲ-2〉와 같다.

〈그림 Ⅱ-8〉 연구의 모형

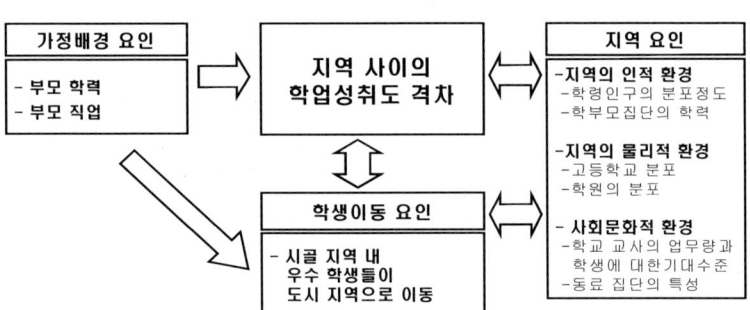

### 2) 분석 방법과 절차

가) 도시 지역과 시골 지역 사이의 학업성취도 격차 실태 분석

지역 간 학업성취도 격차가 단순히 지역 거주 가구의 특성에 의해 나타나는 것인지 지역 환경이 갖는 특정 요인에 의해 나타나는 것인지를 확인하기 위하여 수집된 학생자료(학업성취도, 가정배경)를 분석하였다. 분석 절차와 방법은 다음과 같다.

(1) 실제로 도시 지역과 시골 지역 사이 학업성취도에 차이가 있

는지 시 지역과 군 지역의 학업성취도 차이를 t-검정을 통하여 확인
하였다.

(2) 가정배경(부모학력, 부모직업)을 통제한 후에도 지역이 학업
성취도에 영향을 미치는지 회귀분석을 통하여 확인하였다.

## 나) 도시 지역과 시골 지역 사이 학업성취도 격차의 원인 분석

도시 지역과 시골 지역 사이 학업성취도 격차의 원인이 지역의 학
교와 교육 환경에 의한 것인지, 우수학생의 이동에 의한 것인지를
확인하기 위하여 수집된 학생자료(학업성취도, 가정배경)를 분석하
였다.

분석 절차와 방법은 다음과 같다.

(1) 고등학생의 가정배경과 6월 학업성취도를 통제한 후에 9월 학
업성취도에 지역의 독립적인 영향력이 존재하는지 회귀분석을 통하
여 확인하였다.

(2) 도시 지역과 시골 지역의 교육 환경에 차이가 있는지 통계자
료와 면담내용을 분석 범주에 따라 분석하였다.

(3) 고등학교 진학단계에서 군 지역에서 시 지역으로 이동하는 학
생과 군 지역에 남아 있는 학생들의 학업성취도와 가정배경에 차이
가 있는지 t-검정을 통하여 확인하였다.

## 다) 격차로 나타나는 시골 지역의 문제

(1) 학생 이동의 원인에 대해 면담을 실시하고 면담내용을 분석하였
다.

　(2) 우수학생 이동으로 인한 교육 환경의 악화 측면을 지역 통계연보와 같은 통계자료의 시계열적 분석을 통하여 도시 지역과 비교하였다.


　라. 연구의 한계


　이 연구는 다음 사항과 같은 한계를 가지고 있다.

　첫째, 종단적인 학업성취도 자료를 확보하지 못하여 지역 간 학업성취도 격차가 실제로 심화되는지 여부는 확인할 수 없다.

　둘째, 확보된 자료의 구성 기준 문제로 사용된 통계자료에서 학령인구, 학령인구의 연령 기준이 분석 절차마다 동일하지 않다. 국가수준 통계청 자료의 경우 만 10세-만 19세를 학령인구로 보았으며, 인구주택 총조사 2%의 학령인구는 실제 초등학교, 중학교, 고등학교에 재학 중인 인구를 학령인구로 보았다. 또한 학생 자료 분석에서는 중학교와 고등학교 재학생만을 대상으로 하고 있다. 이러한 차이는 인구 통계 자료의 연령 구분의 차이 때문에 나타난 것으로, 최대한 지역의 학령인구를 반영하려고 하였다.

　셋째, 자료수집의 한계로 고등학생의 지역 효과를 확인하기 위한두 시험의 간격이 3개월 정도로 매우 짧은 기간 동안의 효과를 살펴볼 수밖에 없었다. 그래서 연구 결과로 나타난 수치는 실제보다 축소된 것일 수 있다.

　넷째, 지역 교육 환경에 대한 세밀한 실증적 자료 확보의 어려움으로 학업성취도와 학령인구 이동에 대한 지역 교육 환경의 직접적인 영향력을 밝히지 못했다. 그러나 이러한 부분은 면담을 통하여보완하려고 하였다.

# Ⅲ. 지역 간 격차와 가정배경

## 1. 지역 간 격차의 실태

이 장에서는 연구대상 지역에서 도시 지역과 시골 지역 사이에 학업성취도 격차가 나타나는지 확인하였다. 이를 위하여 각 지역에서 표집된 중학생과 고등학생의 학업성취도 차이를 t-검정을 사용하여 확인하였으며 결과는 〈표 Ⅲ-1〉, 〈표 Ⅲ-2〉와 같다.

〈표 Ⅲ-1〉을 보면, 중학생의 경우 시 소재 중학교 학생들이 군 소재 중학교 학생들보다 총점을 기준으로 p〈.05 수준에서 높은 학업성취도를 보이고 있음을 확인할 수 있다. 시 소재 중학교 학생들의 총점 평균은 117.55로 군 소재 중학교 학생들의 총점 평균 109.01보다 8점 이상 높은 점수를 얻었다. 과목별로는 국어(p〈.05), 기술·가정(p〈.05), 미술(p〈.05), 영어(p〈.01)에서 시 소재 중학교 학생들이 군 소재 중학교 학생들에 비하여 유의미하게 높은 점수를 획득하였다. 특히 영어 과목의 경우 2점 이상의 격차로 다른 과목에 비하여 그 격차가 더 큰 것을 확인할 수 있었다.

〈표 Ⅲ-2〉를 보면, 고등학생의 경우에 도시 지역과 시골 지역 사이의 학업성취도 격차는 더욱 확연하게 드러난다. 6월과 9월 모의고사 모두에서 시 소재 고등학교 학생들이 군 소재 고등학교의 학생들보다 p〈.01 수준에서 높은 학업성취도를 보이고 있다. 시 소재 고등학생의 6월과 9월의 평균점수(206.99, 194.52)는 군 소재 고등학교 학생들의 평균점수(119.82, 106.52)의 두 배에 가깝고, 각 영역별로도 그 격차가 확연하다.

〈표 Ⅲ-1〉 중학교 소재지에 따른 학업성취도 차이

| 변 인 | 집단구분 | 사례 수 | 평 균 | 표준편차 | t 값 |
|---|---|---|---|---|---|
| 국 어 | 시 소재 중학교 | 126 | 21.18 | 5.79 | 2.04* |
| | 군 소재 중학교 | 274 | 19.92 | 5.74 | |
| 도 덕 | 시 소재 중학교 | 126 | 9.15 | 2.43 | 1.46 |
| | 군 소재 중학교 | 274 | 8.77 | 2.42 | |
| 사 회 | 시 소재 중학교 | 126 | 17.34 | 5.60 | 1.44 |
| | 군 소재 중학교 | 274 | 16.46 | 5.73 | |
| 수 학 | 시 소재 중학교 | 126 | 16.91 | 7.14 | 1.93 |
| | 군 소재 중학교 | 274 | 15.41 | 7.30 | |
| 과 학 | 시 소재 중학교 | 126 | 15.37 | 6.04 | 1.14 |
| | 군 소재 중학교 | 274 | 14.67 | 5.63 | |
| 기술·가정 | 시 소재 중학교 | 126 | 11.81 | 3.20 | 2.32* |
| | 군 소재 중학교 | 274 | 10.98 | 3.39 | |
| 음 악 | 시 소재 중학교 | 126 | 5.37 | 2.43 | 1.96 |
| | 군 소재 중학교 | 274 | 4.88 | 2.25 | |
| 미 술 | 시 소재 중학교 | 126 | 5.75 | 2.02 | 2.08* |
| | 군 소재 중학교 | 274 | 5.30 | 2.02 | |
| 영 어 | 시 소재 중학교 | 126 | 14.66 | 6.28 | 3.20** |
| | 군 소재 중학교 | 274 | 12.63 | 5.71 | |
| 총 점 | 시 소재 중학교 | 126 | 117.55 | 35.38 | 2.29* |
| | 군 소재 중학교 | 274 | 109.01 | 34.29 | |

* $p < .05$, ** $p < .01$

〈표 Ⅲ-2〉 고등학교 소재지에 따른 학업성취도의 차이

| 변 인 | 집단구분 | 사례 수 | 평 균 | 표준편차 | t 값 |
|---|---|---|---|---|---|
| 6월<br>언어 영역 | 시 소재 고등학교 | 126 | 91.90 | 14.36 | 13.77** |
| | 군 소재 고등학교 | 249 | 66.16 | 21.50 | |
| 6월<br>수리탐구영역 | 시 소재 고등학교 | 126 | 54.86 | 11.29 | 31.02** |
| | 군 소재 고등학교 | 250 | 18.61 | 9.43 | |
| 6월<br>외국어 영역 | 시 소재 고등학교 | 126 | 60.23 | 9.85 | 20.51** |
| | 군 소재 고등학교 | 250 | 34.94 | 13.70 | |
| 6월<br>모의고사 총점 | 시 소재 고등학교 | 126 | 206.99 | 29.06 | 24.43** |
| | 군 소재 고등학교 | 249 | 119.82 | 38.77 | |
| 9월<br>언어 영역 | 시 소재 고등학교 | 121 | 81.26 | 12.04 | 15.40** |
| | 군 소재 고등학교 | 233 | 55.69 | 19.07 | |
| 9월<br>수리탐구영역 | 시 소재 고등학교 | 121 | 54.61 | 10.61 | 32.62** |
| | 군 소재 고등학교 | 233 | 17.45 | 9.26 | |
| 9월<br>외국어 영역 | 시 소재 고등학교 | 121 | 58.64 | 9.85 | 19.62** |
| | 군 소재 고등학교 | 233 | 33.38 | 14.12 | |
| 9월<br>모의고사 총점 | 시 소재 고등학교 | 121 | 194.52 | 26.50 | 25.70** |
| | 군 소재 고등학교 | 233 | 106.52 | 37.14 | |

* $p < .05$, ** $p < .01$
* 6월 9월 모의고사 총점은 해당 시기 모의고사의 언어, 수리탐구, 외국어 영
역 점수를 합한 점수임.

이러한 결과는 도시 지역과 시골 지역 사이의 학업성취도 격차가
중학교 단계보다 고등학교 단계에서 더욱 크게 나타나는 것처럼 이
해될 수 있다. 중학교 단계와 고등학교 단계의 학업성취도 격차를
단순비교 할 수 없다. 그러나 중학교와 고등학교 학업성취도의 전체
표준편차를 감안할 때 고등학교 단계에서의 지역 간 학업성취도 격
차가 더욱 크다고 이해된다. 중학생의 경우 총점을 기준으로 180점

만점에 전체 표준편차는 34.82로 나타났으며, 고등학생의 경우 280점 만점(언어, 수리탐구, 외국어 영역의 합)에 전체 표준편차는 6월과 9월 각각 54.58, 53.78로 나타났다. 만점을 감안할 때 중학생이나 고등학생의 전체 표준편차는 큰 차이가 없다. 이러한 상황에서 고등학생 자료에서 나타난 도시와 시골 지역 사이의 학업성취도 격차는 중학교보다 고등학교 단계에서 더 크게 나타나고 있다는 사실을 보여준다. 이러한 결과는 전국의 실태조사 차원에서 시 지역과 읍·면 지역의 차이를 확인한 기존의 연구(한국교육과정평가원, 1993-2002) 결과와 크게 다르지 않다.

그러나 지역 사이의 학업성취도 격차가 지역 거주 가구의 특성으로 인해 나타나는 것인지는 다시 확인할 필요가 있다. 학생들의 학업성취도는 학부모의 학력, 직업과 같은 가정배경과 높은 상관이 있고(Coleman, 1966; Jencks et al., 1972), 지역 간에 분포한 학부모의 학력, 직업이 차이를 보이므로 실제 지역 자체가 갖는 요인들의 영향력을 최대한 확인하기 위해 가정배경의 통제가 필요하다. 지역 사이의 격차가 학생 개개인의 가정배경의 영향을 보여주는 것이라면, 지역 격차라는 관점보다는 계층에 따른 학업성취도 격차라는 관점이 더욱 유용하게 작용할 것이기 때문이다.

## 2. 가정배경에 독립적인 지역 간 격차

도시 지역과 시골 지역 사이의 학업성취도 격차를 확인하는 데 있어 가정배경의 통제가 필요하므로, 회귀분석을 사용하여 가정배경을 통제하고 지역요인이 학업성취도에 독립적인 영향을 미치고 있는지 확인하였다. 이는 동일한 학력과 직업의 부모를 가진 학생이 거주 지역에 따라 다른 학업성취도를 보일 수 있는지를 확인하기 위해서 이다. 이를 위하여 부모의 학력과 직업을 먼저 투입하고 여기에 지역 더미 변인을 투입하여 가정배경을 통제한 후에도 지역 자체가 학업성취도에 영향을 미치는지 확인하였다. 그 결과는 〈표 Ⅲ-3〉, 〈표 Ⅲ-4〉, 〈표 Ⅲ-5〉와 같다.

〈표 Ⅲ-3〉 부모의 학력, 직업, 학교소재 지역이 중학생의 학업성취도에
미치는 영향(종속변인: 모의고사 총점)

| 변 인 | 가정배경 모델 | 학교소재 지역 추가모델 |
|---|---|---|
| 상 수 | 65.504** | 65.530** |
| 부모의 학력 | 11.516**<br>(.264) | 11.502**<br>(.264) |
| 부모의 직업 | 4.669*<br>(.128) | 4.661*<br>(.128) |
| 학교소재 지역 더미<br>(비교집단: 군 지역) | | .119<br>(.002) |
| $R^2$<br>Adjusted $R^2$ | .122<br>.118 | .122<br>.115 |
| F 값 | 25.765** | 17.131** |

* $p < .05$, ** $p < .01$

먼저 중학생의 경우 〈표 Ⅲ-3〉을 통하여 그 결과를 보면 지역의 영향력은 없는 것으로 나타났다.

가정배경 모델이 자녀의 학업성취도를 12% 정도 설명하고 있음을 확인할 수 있는데, 이후 중학교 소재 지역 더미 변인을 추가로 투입한 모델의 경우 전체 설명량에 변화가 없고 변인 자체의 영향력도 유의미하게 나타나지 않았다.

이러한 결과는 중학교 단계에서 나타났던 도시 지역과 시골 지역 사이의 학업성취도 격차는 지역에 거주하고 있는 학생들의 가정배경 차이로 인한 것임을 보여준다. 지역 간 학업성취도 격차는 부모의 학력, 직업과 같은 가정배경이 학업성취도에 영향을 미치고, 도시 지역에 거주하는 학생들의 가정배경이 시골 지역에 거주하는 학생들의 가정배경보다 좋기 때문에 나타나는 현상이라는 것이다. 결국 중학생의 경우 가정배경을 통제한 후에는 지역에 따라 학업성취도에 차이를 보이지 않으며, 지역 간 학업성취도 격차가 지역의 교육 환경 차이 때문에 나타나는 것이 아님을 의미하는 것이다. 이는 앞서 확인한 학생들의 학업성취도는 학부모의 학력, 직업과 같은 가정배경에 큰 영향을 받는다는 연구들(Coleman et al, 1966; Jencks et al, 1972 등)과 마찬가지로 학업성취에 있어서 가정배경의 중요성을 재확인하여 주고 있다.

실제 조사 결과 중학교 학생들의 지역 간 가정배경은 편포가 두드러졌다. 그 내용은 〈표 Ⅲ-4〉와 같다.

〈표 Ⅲ-4〉 중학교 소재지에 따른 중학생 학부모의 학력, 직업 차이

| 변 인 | 집단구분 | 사례 수 | 평 균 | 표준편차 | t 값 |
|---|---|---|---|---|---|
| 부모학력 | 시 소재 중학교 | 124 | 3.20 | .75 | 5.47** |
| | 군 소재 중학교 | 250 | 2.74 | .77 | |
| 부모직업 | 시 소재 중학교 | 125 | 3.32 | .98 | 5.48** |
| | 군 소재 중학교 | 267 | 2.78 | .89 | |

* $p < .05$, ** $p < .01$

〈표 Ⅲ-4〉를 살펴보면 도시 지역 학부모의 직업과 학력 평균은 각각 3.20, 3.32로 이 시골 지역에 학부모의 학력과 직업 평균(2.74, 2.78)보다 p<.01 수준에서 높은 점수를 보이는 것을 확인할 수 있다.

고등학교 학생들의 지역 간 가정배경의 편포 역시 이와 크게 다르지 않다. 그 내용은 〈표 Ⅲ-5〉와 같다.

〈표 Ⅲ-5〉 고등학교 소재지에 따른 고등학생 학부모의 학력, 직업 차이

| 변 인 | 집단구분 | 사례 수 | 평 균 | 표준편차 | t 값 |
|---|---|---|---|---|---|
| 부모학력 | 시 소재 고등학교 | 126 | 3.09 | .90 | 7.07** |
| | 군 소재 고등학교 | 164 | 2.38 | .79 | |
| 부모직업 | 시 소재 고등학교 | 126 | 3.40 | .97 | 6.65** |
| | 군 소재 고등학교 | 167 | 2.67 | .89 | |

* p<.05, ** p<.01

〈표 Ⅲ-5〉를 살펴보면 고등학생 학부모의 가정배경 역시 도시 지역에 학부모의 학력평균(3.09)과 직업평균(3.40)이 시골 지역 학부모의 학력평균(2.38)과 직업평균(2.67)에 비하여 p<.01 수준에서 유의미하게 높은 것을 확인할 수 있다.

그러나 〈표 Ⅲ-6〉와 〈표 Ⅲ-7〉은 고등학생의 경우 학업성취에 영향을 미치는 요인이 중학생과는 다름을 보여준다. 고등학생의 경우 중학생과 달리 가정배경을 통제한 후에도 학업성취도에 지역요인이 큰 영향력을 가지고 있는 것으로 나타났다.

108

〈표 Ⅲ-6〉부모의 학력, 직업, 학교소재 지역이 고등학생의 학업성취도에
미치는 영향(종속변인: 6월 모의고사 총점)

| 변 인 | 가정배경 모델 | 학교소재 지역 추가모델 |
|---|---|---|
| 상 수 | 77.848** | 101.455** |
| 부모의 학력 | 16.271** | 4.083 |
| | (.275) | (.069) |
| 부모의 직업 | 12.475** | 3.390 |
| | (.230) | (.062) |
| 학교소재 지역 더미 | | 81.418** |
| (비교집단: 군 지역) | | (.747) |
| $R^2$ | .195 | .646 |
| Adjusted $R^2$ | .189 | .642 |
| F 값 | 32.166** | 182.168** |

* $p < .05$, ** $p < .01$
* 종속변인 6월 모의고사 총점은 6월 모의고사의 언어, 수리탐구, 외국어 영
역 점수를 합한 점수임.

〈표 Ⅲ-7〉부모의 학력, 직업, 학교소재 지역이 고등학생의 학업성취도에
미치는 영향(종속변인: 9월 모의고사 총점)

| 변 인 | 가정배경 모델 | 학교소재 지역 추가모델 |
|---|---|---|
| 상 수 | 65.311** | 87.983** |
| 부모의 학력 | 15.756** | 3.252 |
| | (.270) | (.056) |
| 부모의 직업 | 12.994** | 3.935 |
| | (.240) | (.073) |
| 학교소재 지역 더미 | | 83.812** |
| (비교집단: 군 지역) | | (.769) |
| $R^2$ | .198 | .678 |
| Adjusted $R^2$ | .192 | .674 |
| F 값 | 33.831** | 169.471** |

* $p < .05$, ** $p < .01$
* 종속변인 9월 모의고사 총점은 9월 모의고사의 언어, 수리탐구, 외국어 영역
점수를 합한 점수임.

〈표 Ⅲ-6〉, 〈표 Ⅲ-7〉에서 모두 부모의 학력과 직업을 독립변인으로 하는 가정배경 모델이 고등학생 학업성취도를 19% 이상 설명하고 있다. 그러나 고등학교 소재 지역 더미 변인을 추가 투입한 모델의 경우 수정된 R2 값이 6월과 9월 모의고사 결과 기준으로 각각 .453, .482 증가하여 학업성취도의 60% 이상을 설명하고 있다.

그리고 각 변인의 영향에 있어서도 지역 더미 변인 투입 이후 부모의 학력과 직업의 독립적인 영향력이 사라지고, 지역만이 독립적 영향력을 보임을 확인할 수 있다. 고등학생의 경우 가정배경을 통제한 이후에도 도시 지역과 시골 지역 사이에 학업성취도 격차가 존재하는 것이다. 이는 동일한 가정배경을 가진 학생이라도 도시 지역에 거주 하는 학생이 시골 지역의 학생에 비해 높은 학업성취를 보인다는 것을 의미한다. 이러한 결과는 개인 특성이나 가정배경의 영향을 통제한 후에도 도시와 시골 지역 사이에 학업성취도의 차이가 있음을 설명하여 준다. 특히 고등학교 단계에서의 지역 간 격차가 두드러진다는 강태중(2002)의 연구 결과와 일치하는 것으로 볼 수 있다.

# Ⅳ. 지역 교육 환경과 학생 이동

앞장에서 고등학생의 경우 학생 개인의 가정배경을 통제한 이후에도 도시 지역과 시골 지역 사이에 학업성취도 격차가 있음을 확인하였다. 가정배경을 통제한 후에도 지역이 개인의 학업성취도를 상당한 정도로 설명하는 결과는 앞서 이론적 배경에서 설명하였듯이 다음 두 가지 이유에서 나타날 수 있다. 첫째, 지역 사이의 교육 환경이 서로 다르기 때문에 나타나는 지역효과일 수 있다. 둘째, 시골 지역 우수학생들이 도시 지역으로 이동하면서 나타나는 것일 수 있다.

## 1. 교육 환경의 차이

### 가. 교육 환경이 학업성취도에 미치는 영향

도시 지역과 시골 지역 사이에 존재하는 학업성취도 격차가 지역의 학교나 교육 환경의 효과일 수 있다. 동일한 가정배경을 소유하고 있고, 특정 시점에서 동일한 학업성취도를 보이는 학생이라 하더라도 어느 지역에 거주하느냐에 따라 시간이 흐르면서 서로 다른 학업성취도를 보이게 될 것이다.

이를 확인하기 위하여 9월의 학업성취도를 종속변인으로 하고 가정배경, 6월 학업성취도, 학교소재 지역 더미 변인을 추가로 회귀분석에 투입하여 그 결과를 확인하였다. 각 지역에 소재한 학교들의

학교효과나 혹은 지역 교육 환경에 의한 영향력이 존재한다면, 9월
의 학업성취도는 6월의 학업성취도를 통제한 후에도 지역에 따른 영
향을 받는 것으로 나타날 것이다.

따라서 고등학생의 가정배경과 6월 학업성취도를 통제한 후에도 9
월 학업성취도에 지역이 영향을 미치는지 살펴보았다. 그 결과는
〈표 Ⅳ-1〉과 같다.

〈표 Ⅳ-1〉 지역의 학교, 교육 환경이 학업성취도에 미치는 영향
(종속변인: 9월 모의고사 총점)

| 변 인 | 가정배경 모델 | 6월 학업성취도 추가 | 학교소재 지역 추가 |
|---|---|---|---|
| 상 수 | 66.665** | -7.589 | 5.973 |
| 부모의 학력 | 16.577** | .828 | .145 |
| | (.287) | (.014) | (.003) |
| 부모의 직업 | 12.109** | .904 | .552 |
| | (.225) | (.017) | (.010) |
| 6월 학업성취도 | | .933** | .819** |
| | | (.943) | (.827) |
| 학교소재 지역 더미 | | | 16.791** |
| (비교집단: 군 지역) | | | (.156) |
| $R^2$ | .201 | .955 | .960 |
| Adjusted $R^2$ | .194 | .913 | .922 |
| F 값 | 32.256** | 891.963** | 748.906** |

* $p < .05$, ** $p < .01$, ( )안은 표준화 회귀 계수
* 종속변인 9월 모의고사 총점은 9월 모의고사의 언어, 수리탐구, 외국어 영역 점
수를 합한 점수임.

〈표 Ⅳ-1〉을 통하여 분석 결과를 살펴보면 가정배경과 6월 학업성
취도를 통제한 후에도 학교소재 지역이 학업성취도를 추가적으로 설
명함을 볼 수 있다.

  가정배경이 9월 학업성취도의 19.4% 정도를 설명하는 가운데 6월 학업성취도를 추가하자 회귀식의 설명량은 91.3%로 증가하였다. 또한 .287, .225였던 부모 학력과 직업의 표준화 회귀 계수는 각각 .014, .017로 줄어들면서 유의미한 영향력도 사라지는데 이는 부모의 학력, 직업의 영향력이 이미 6월 학업성취도에 포함되었기 때문으로 보인다. 이것은 6월의 학업성취도가 높은 학생은 9월의 학업성취도 높다는 것을 의미한다.

  이러한 가운데 학교 소재 지역 더미 변인을 추가로 투입한 결과 전체 회귀식의 설명량은 92.2%로 약 0.9% 증가 하였다. 또한 지역의 표준화 회귀 계수는 .156으로 6월 학업성취도의 회귀 계수 .827보다는 낮지만 p<.01 수준에서 유의미한 영향력이 있는 것으로 나타났다. 이는 가정배경이 동일하고 6월에 동일한 학업성취도를 보였다고 하더라도 시 지역 학생들이 군 지역 학생들보다 9월 학업성취도가 높게 나타난다는 결과이다. 이러한 결과는 지역의 학교가 갖고 있는 학교효과 또는 지역의 교육 환경에 의한 지역효과가 존재한다는 것을 의미한다. 도시 지역의 교육 환경이 시골 지역의 교육 환경보다 학업성취도를 높이는 데 유리한 것이다.

  이상의 분석 결과는 학교 또는 지역의 환경이 학업성취도에 영향을 미친다고 설명하는 '효과적인 학교' 연구들(Rutter et al., 1979; Bidwell & Kasarda, 1980; Coleman et al., 1982 등) 또는 지역사회의 분위기나 환경이 학업성취도에 영향을 미친다고 주장하는 연구(Putnam, 2001)들과 같은 맥락에서 설명될 수 있다. 지역 간 학업성취도의 격차에 지역의 교육 환경이 영향을 미치고 있는 것이다. 도시의 교육 환경이 시골의 교육 환경보다 긍정적으로 학업성취도에 작용하고 있다면 어떠한 점에서 그러한지 확인해볼 필요가 있다. 다음은 도시 지역과 시골 지역 사이의 교육 환경의 차이를 확인한 것이다.

## 나. 교육 환경 차이의 실태

〈표 Ⅳ-1〉은 도시 지역과 시골 지역 사이의 학업성취도 격차가 지역의 교육 환경에 의한 것임을 보여주는 것이었다. 이러한 결과를 바탕으로 여기에서는 실제로 도시 지역과 시골 지역의 교육 환경을 지역사회의 인적 환경, 물리적 환경, 사회문화적 환경의 측면에서 비교하여 보았다.

### 1) 인적 환경: 학령인구 분포와 학부모의 학력수준, 교사의 수

### 가) 학령인구 분포와 학부모의 학력수준

지역 내 학령인구의 분포는 학생들의 동료집단 구성이나 참조집단의 존재와 관련된 것으로 학령인구가 많다는 것은 동료집단이나 참조집단으로 작용할 가능성을 내포한 구성원이 많음을 의미한다. 학령인구의 비율이 높다는 것은 동료집단 구성원이 될 인프라가 비교적 넓게 형성되어 있다는 것을 뜻한다. 2장에서도 언급하였듯이 동료집단은 학업성취도에 의미 있는 영향을 끼치는 것으로 알려져 있다(Coleman et al., 1966). 그리고 같은 연령대의 학령인구는 서로 경쟁을 유발할 수 있는 또래집단으로서의 역할과 지역의 교육 발전을 위한 인적 자원으로서의 역할을 동시에 한다고 볼 수 있다. 만약에 경쟁을 유발할 동료집단이나 참조집단으로 작용할 구성원의 숫자가 적다면 이는 학업성취도에도 부정적으로 작용할 것이다. 그리고 학령인구의 비율이 낮다면, 그만큼 그 지역에 들어설 수 있는 교육시설이나 투자, 교육에 대한 사회적 인식 정도가 낮을 가능성이 크다. 전체 인구 가

운데 학령인구의 비율이 낮다는 것은 이러한 점에서 불리한 교육 환
경이라고 이해될 수 있다. 〈표 Ⅳ-2〉는 도시 지역인 목포와 시골 지
역인 무안, 영암, 해남군의 2000년 현재 학령인구 분포이다.

〈표 Ⅳ-2〉2000년 지역별 학령인구 분포

| 지  역 | 총인구 | 학령인구 | 총인구 대비 학령인구 |
|---|---|---|---|
| 목포시 | 245,831 | 40,376 | 16.42% |
| 무안군 | 70,467 | 9,688 | 13.75% |
| 영암군 | 65,495 | 8,091 | 12.35% |
| 해남군 | 99,358 | 13,888 | 13.98% |

* 자료: 목포시(2000). 목포통계연보., 무안군(2000). 무안통계연보., 영암군(2000).
영암통계연보., 해남군(2000). 해남통계연보. 자료를 재구성한 것임.
* 학령인구는 만 10세-19세 인구임.

2000년의 지역별 학령인구 분포를 살펴보면 도시 지역인 목포시의
경우 총인구 245,831명에 학령인구는 40,376명으로 학령인구가 전체
인구의 16.42%를 차지하고 있음을 알 수 있다. 이에 비하여 무안군,
영암군, 해남군의 경우 학령인구의 비중은 각각 13.75%, 12.35%, 13.
98%로 목포시에 비하여 낮은 학령인구 비중을 보이고 있다. 시골
지역의 학령인구의 숫자와 총인구 대비 학령인구 비율이 도시 지역
에 비하여 낮다는 것은 동료집단 또는 참조집단 구성원이 될 인프라
가 비교적 열악한 상태임을 알게 해준다. 또한 학령인구의 수가 낮
고 비율이 낮음으로 인하여 지역사회의 교육에 대한 사회적 관심도
가 낮을 가능성을 내포하고 있다. 따라서 도시와의 학업성취도 격차
를 불러일으킬 요인으로 작용할 소지가 있는 것이다.
다음으로 지역별 학부모의 학력수준을 확인하려고 하였다. 여기에
서 학부모의 학력 수준은 가정배경으로서 각 개인들의 부모 학력을

116

의미하는 것이 아니라, 지역의 인적 환경을 살펴보기 위함이다. 지식 기반 사회에서 지역 인적 자원은 지역사회의 발전에 중요한 역할을 할 뿐만 아니라 학습 인프라로서의 구실도 한다. 그리고 학력은 지역 인적 환경의 수준을 확인할 수 있는 지표이다.

학부모 집단의 학력수준은 학생, 교육과 직접적으로 관련된 지역 내 학부모들의 학력수준을 보여주는 것이면서, 동시에 지역 내 성인 집단의 학력수준을 보여주는 것이기도 하다. 또한, 이는 학령인구의 참조집단의 학력수준을 보여주는 것이다. 그리고 학교교육에 영향력을 행사하는 집단의 학력수준을 확인하는 것으로, 학력수준이 낮을 수록 불리한 교육 환경을 가지고 있다고 할 수 있다. 학부모의 학력수준은 직접적인 자료 확보의 어려움으로 인구주택 총조사 2% 원시 자료에서 학령인구를 포함한 가구의 가구주 학력을 확인하였다. 그 결과는 〈표 Ⅳ-3〉과 같다.

〈표 Ⅳ-3〉 2000년 지역별 학령인구 가구주의 학력분포

| 지  역 | 대학원 이상 | 4년제 대학 | 전문대학 | 고등학교 | 중학교 | 초등학교 이하 | 계 |
|---|---|---|---|---|---|---|---|
| 목포시 | 23 | 125 | 95 | 436 | 158 | 86 | 923 |
| | 2.49% | 13.54% | 10.29% | 47.24% | 17.12% | 9.32% | 100.00% |
| | (2.49%) | (16.03%) | (26.32%) | (73.56%) | (90.68%) | (100.00%) | (100.00%) |
| 무안군 | 2 | 9 | 5 | 48 | 37 | 45 | 146 |
| | 1.37% | 6.16% | 3.42% | 32.88% | 25.34% | 30.83% | 100.00% |
| | (1.37%) | (7.53%) | (10.95%) | (43.83%) | (69.17%) | (100.00%) | (100.00%) |
| 영암군 | 3 | 10 | 14 | 85 | 34 | 33 | 179 |
| | 1.68% | 5.59% | 7.82% | 47.49% | 18.99% | 18.43% | 100.00% |
| | (1.68%) | (7.27%) | (15.09%) | (62.58%) | (81.57%) | (100.00%) | (100.00%) |
| 해남군 | 8 | 12 | 8 | 75 | 54 | 55 | 212 |
| | 3.77% | 5.66% | 3.77% | 35.37% | 25.47% | 25.96% | 100.00% |
| | (3.77%) | (9.43%) | (13.20%) | (48.57%) | (74.04%) | (100.00%) | (100.00%) |

* 자료: 통계청(2000). 인구주택 총조사 2% 원시자료를 가공한 것임.
* %는 해당 지역 내 학령인구(초등교, 중학교, 고등학교 재학생 인구)포함 가구주 가운데 해당 학력소지자가 차지하는 비율임.
* ( )안은 학력별 누계%임.

〈표 Ⅳ-3〉을 살펴보면, 대체적으로 목포시의 학령인구 가구주의 학력이 높게 나타남을 볼 수 있다. 모든 지역에서 '고등학교 졸업' 학력 비율이 가장 높게 나타났다(목포 47.24%, 무안 32.88%, 영암 47.49%, 해남 35.37%). 고등학교 졸업을 중심으로, 그 이상인 전문대학 이상졸업자의 지역별 비중을 살펴보면, 목포시의 경우 학령인구 가구주의 26.32%가 전문대학 이상의 고등교육 학력을 소지한 반면 무안, 영암, 해남군은 각각 10.95%, 15.09%, 13.20%에 그치고 있다. 이를 통하여 목포시에 비하여 학령인구 가구주 가운데 고등교육 학력 소지자 비율이 낮음을 확인할 수 있다. 반면, 초등학교 이하 학력을 가진 가구주의 비율의 경우에는 목포시가 9.32%를 보이는 데 비하여 무안, 영암, 해남군은 각각 30.83%, 18.43%, 25.96%를 보이고 있다. 낮은 학력 소지자의 비율에 있어서는 목포시보다 주변 군 지역의 학령인구 가구주의 비율이 높게 나타나는 것이다.

이러한 상황은 도시 지역 학생들의 참조집단과 시골 지역 학생들의 참조집단의 수준이 다를 수 있음을 의미한다. 참조집단의 수준은 학생들의 포부수준과도 관련될 수 있는 것으로, 참조집단의 학력수준이 낮을수록 학생들의 포부수준이 낮아 질 수 있다. 지역 성인 집단의 학력 차이는 이러한 이유에서 중요한 교육 환경 차이로 인식할 수 있으며, 인적 환경 측면에서 도시 지역에 비해 시골 지역이 비교적 열악한 교육 환경을 갖고 있는 것으로 이해된다.

## 나) 교사의 수

도시 지역과 시골 지역 학교 사이에 존재하는 학교규모 차이와 학교당 교사 수의 차이는 교사의 업무환경의 차이를 가져온다는 점에서 중요한 문제이다.

　학교 수업 외에 존재하는 행정업무의 양은 학교규모와 상관없이 일정하게 존재한다. 따라서 학교교사가 학교 행정업무의 대부분을 담당하는 상황에서 학교규모가 축소되는 경우 교사 한명이 처리하여야하는 행정업무는 증가하기 마련이다. 또한 학교규모가 과도하게 축소되는 것은 교과목 상치교사문제와도 관련되어 교사의 부담을 가중시키고 수업의 질을 떨어뜨리는 요인이 될 수 있다. 이러한 측면에서 〈표 Ⅳ-4〉의 지역별 고등학교의 평균 교사 수는 군 지역 고등학교 교사의 행정업무 부담 정도를 간접적으로 시사한다.

### 〈표 Ⅳ-4〉 지역별 고등학교 1개교당 평균 교사 수

| 구 분 | 2000년 | 2001년 |
|---|---|---|
| 전 국 | 53.32 | 52.98 |
| 목 포 시 | 65.80 | 63.33 |
| 무 안 군 | 32.40 | 27.80 |
| 영 암 군 | 28.40 | 27.20 |
| 해 남 군 | 33.83 | 31.33 |

　＊ 자료: 교육부·한국교육개발원(2000:2001). 교육통계연보., 목포시(2000:2001).
　　　　목포통계연보., 무안군(2000:2001). 무안통계연보., 영암군(2000:2001).
　　　　영암통계연보., 해남군(2000:2001). 해남통계연보. 자료를 재구성한 것임.

　〈표 Ⅳ-4〉는 목포시와 주변 군 지역 고등학교의 평균 교사 수의 차이를 보여준다. 목포시의 경우 2000년, 2001년에 고등학교 1개교당 평균 교사 수는 각각 65.80, 63.33인 데 반해 주변 군 지역은 30명 안팎의 평균 교사수를 보이고 있다(무안 32.40, 27.80 / 영암 28.40, 27.20 / 해남 33.83, 31.33). 이는 주변 군 지역의 경우 학교당 교사 수가 목포시의 절반 정도의 수치이며, 전국 평균(53.32, 52.98)과 비교해도 매우 적은 수이다.

　이러한 상황에서 발생하는 문제는 교사 개인의 행정업무량과 상치교사의 증가 또는 교사 1인이 여러 학년의 교과목을 담당하게 되는 상황이다. 다음은 이와 관련된 교사 면담 내용이다.

　　"우리 학교는 과목상치교사는 없어요. 2개학년 이상을 커버하시는 선생님은 53명 중 15명이며 직무만족도는 보통이죠."
　　　　　　　　　　　　　　　　　　　　　　　　－시 소재 고등학교 교사

　　"여기 선생님들은 대부분 다 어 …… 상치교사이기도 하고 ……유사과목의 강의를 하고 수업을 하고 그리고 음 …… 대부분의 선생님들이 두 개 학년 이상 심지어 세 개 학년까지도 지도를 해요."
　　　　　　　　　　　　　　　　　　　　　　　　－군 소재 고등학교 교사

　면담 결과, 도시 지역의 고등학교에는 상치교사가 존재하지 않고 '한 과목 두 학년 이상 담당' 교사가 많지 않지만, 시골 지역 고등학교의 경우 대부분의 교사가 상치교사이면서 '한 과목 두 학년 심지어 세 학년을 담당'하고 있는 열악한 실정이었다.

　상치교사 문제는 유사과목을 담당하는 것으로서 수업의 질적인 문제가 크게 발생하지 않을 것이라고 생각할 수도 있다. 그러나 한 교사가 여러 과목의 수업을 담당하거나 동일 과목이라도 여러 학년의 수업을 담당하게 되는 경우 교사 개인의 부담은 증가하기 마련이고, 수업의 질이 상대적으로 떨어질 수 있는 위험이 있다. 시골 지역 교사의 경우 학교규모 축소와 교사 수 감소로 과중한 행정업무 부담을 안고 있고, 교과 지도 준비를 폭 넓게 하여야 하므로 업무가 도시 지역의 교사에 비하여 업무 부담이 크다. 이는 학생 지도의 질이나 시간적인 측면의 양에도 영향을 미치므로 시골 지역 학생의 학업성취도에 부정적인 영향을 미친다고 판단된다.

120

2) 물리적 환경: 일반계·실업계 고등학교 분포와 사설학원

가) 일반계 고등학교와 실업계 고등학교의 분포

지역사회에 존재하는 일반계 고등학교와 실업계 고등학교의 분포는 대학입시와 관련된 지역의 교육 환경 측면에서 중요하게 다루어질 수 있다.

지역 내의 고등학교 가운데 실업계 고등학교의 비율이 높고 일반계 고등학교의 비율이 낮다면 대학진학을 원하는 학생들에게 불리한 교육 환경으로 이해될 수 있다. 〈표 Ⅳ-5〉는 이와 관련하여 지역별로 일반계 고등학교와 실업계 고등학교 분포를 정리한 것이다.

〈표 Ⅳ-5〉는 도시 지역인 목포시와 시골 지역인 주변 군 지역의 고등학교 분포의 차이를 보여준다. 목포시의 경우 2000년 현재 일반계 고등학교 10개교와 실업계 고등학교 5개교가 있는데, 실업계 고등학교는 전체 고등학교의 33.33%로 그 비율이 전국 평균 39.04%보다 약간 낮은 수준을 보이고 있다. 학급과 학생 수의 비율에 있어서도 목포시의 실업계 고등학교 학급비율과 학생비율은 각각 36.74%, 36.75%로 전국 평균보다 낮은 수치를 보이고 있다.

이에 비하여 주변 군 지역의 실업계 고등학교의 비율은 무안, 영암이 40%, 해남이 66.67%로 시 지역에 비하여 상대적으로 높게 나타나고 있다. 더욱이 실질적인 비율이라 할 수 있는 학급과 학생비율은 이보다 더 높게(무안 54.55%, 60.07% / 영암, 50.82%, 47.13% / 해남, 71.76%, 68.67%) 나타나 전체 고등학교 학급과 학생 수의 절반을 상회하고 있다.

이러한 상황은 시골 지역의 학생들이 누릴 수 있는 교육기회와 도시 지역 학생들이 누릴 수 있는 교육 기회가 다르다는 것을 보여준다. 대학입학과 관련된 학업성취도 측면에서 시 지역 학생들이 더

좋은 교육 환경을 누리고 있다는 것이다.

〈표 Ⅳ-5〉 2000년 지역별 일반계, 실업계 고등학교 분포

| 구 분 | | 일반계 | 실업계 | 실업계 비중 |
|---|---|---|---|---|
| 전 국 | 학 교 | 1,193 | 764 | 39.04% |
| | 학 급 | 30,013 | 18,531 | 38.17% |
| | 학 생 | 1,324,482 | 746,986 | 36.06% |
| 목포시 | 학 교 | 10 | 5 | 33.33% |
| | 학 급 | 291 | 169 | 36.74% |
| | 학 생 | 11,301 | 6,288 | 35.75% |
| 무안군 | 학 교 | 3 | 2 | 40.00% |
| | 학 급 | 30 | 36 | 54.55% |
| | 학 생 | 1,019 | 1,533 | 60.07% |
| 영암군 | 학 교 | 3 | 2 | 40.00% |
| | 학 급 | 30 | 31 | 50.82% |
| | 학 생 | 1,042 | 929 | 47.13% |
| 해남군 | 학 교 | 2 | 4 | 66.67% |
| | 학 급 | 24 | 61 | 71.76% |
| | 학 생 | 942 | 2,065 | 68.67% |

* 자료: 교육부·한국교육개발원(2000). 교육통계연보., 목포시(2000).
　　목포통계연보., 무안군(2000). 무안통계연보., 영암군(2000). 영암통계연보.,
　　해남군(2000). 해남통계연보. 자료를 재구성한 것임.

나) 학원시설

우리나라의 경우 학교교육과 관련한 사설학원의 이용이 확산되어
있고 학원 시설은 지역의 중요한 교육 환경으로 인식된다. 대학입시
를 목표로 하는 교육상황에서 학원의 질이나 수는 학교의 질과 수
못지않게 중요한 교육 환경으로 이해되는 것이다. 면담에 응한 학부

모, 학생, 교사 모두 학원시설에 대해 중요하게 생각하고 있는 것으로 나타났다. 대체적으로 목포시의 학원과 관련된 교육 환경이 주변 군 지역에 비하여 좋다고 생각하고 있었다. 다음은 이와 관련된 면담내용이다.

"00은 고등학교를 전문적으로 하는 학원들이 별로 없거든요. 이젠 학교에서 배우는 걸로는 부족하니까 애들이 학원이나 뭐 과외 쪽으로 많이 빠졌잖아요. 이제 목포 …… 목포시내는 고등학생들을 대상으로 운영하는 학원이 많이 있잖아요. 근데 00은 없어요. 그러니까 이제 자기네들 스스로 공부를 하니까 부족한 게 많이 있겠죠."

 ─시 소재 고등학교로 진학한 학생의 군 거주 학부모

"(목포가)사교육시설도 훨씬 있고 많고 …… 집에서 학교 다니는 애들은 학원을 밤에 가고요. 저 같은 친구들은 기숙사 생활 때문에 주말 반으로 막 다니구요. 근데 00에는 주말반이 구성되어 있는 곳이 한군데에요. …… "

 ─시 소재 고등학교 학생

"학원의 질은(목포가)인근 군 지역보다는 나아요. 그러나 대도시보다는 확실히 열악하다고 할 수 있죠. 앞으로도 이런 상태가 지속될 거 같아요. …… 당분간은 이런 상태가 유지되지 않을까 …… "

 ─시 소재 고등학교 교사

"학교주위에 학원 뭐 …… 태권도학원 이런 것은 있지만 입시에 관련된 학원은 전혀 없어요. 그렇기 때문에 그런 환경도 별로 좋지 않다고 할 수 있죠.

 ─군 소재 고등학교 교사

면담내용을 살펴보면 목포시의 경우 학원의 질이 주변 군 지역보다 높다고 인식되고 있다. 또한 목포시의 경우에는 고등학생들을 대상으로 하는 학원의 경우도 상당 수 존재하는 데 비하여 주변 군 지역은 그렇지 못하다는 것을 확인할 수 있다. 이러한 인식은 실제와 크게 다르지 않으며, 그것은 다음의 〈표 Ⅳ-6〉을 통하여 확인할 수 있다.

〈표 Ⅳ-6〉은 1999년도와 2000년도에 조사된 지역통계연보에서 학생들의 학업과 관련된 것으로 추정되는 문리계 학원 수를 비교한 것이다. 〈표 Ⅳ-6〉에 나타난 도시 지역과 시골 지역 학원 시설의 분포를 통하여 지역 간 차이를 확인할 수 있다.

〈표 Ⅳ-6〉 지역별 문리계 학원 수와 학령인구 대비 수치 비교

| 구 분 | 목포 시 | | 무안, 영암, 해남군 합 | |
|---|---|---|---|---|
| | 학원 수 | 학령인구 1,000명당 학원 수 | 학원 수 | 학령인구 1,000명당 학원 수 |
| 1999 | 62 | 1.15 | 28 | 0.85 |
| 2000 | 63 | 1.22 | 31 | 0.95 |

* 자료: 목포시(1999;2000). 목포통계연보., 무안군(1999;2000). 무안통계연보.,
   영암군(1999;2000). 영암통계연보., 해남군(1999;2000). 해남통계연보.
   자료를 재구성한 것임.
* 학령인구는 지역통계 연보에서 만 10세-19세 인구임.

목포시의 경우 문리계 학원은 1999년과 2000년에 각각 62개, 63개로 학령인구 1,000명당 학원 수는 1999년과 2000년에 각각 1.15개, 1.22개이다. 그러나 무안 영암 해남의 경우 학령인구 1,000명당 학원 수는 1999년과 2000년에 각각 0.85개, 0.95개로 학령인구 1,000명당 1개소에도 미치지 못함을 확인할 수 있다. 지역의 학교 외 교육 환경의 하나인 사교육 시설 측면에서 시골 지역인 무안이나 영암, 해남

군이 도시 지역인 목포시에 비하여 비교적 열악한 교육 환경에 처하여 있는 것이다.

### 3) 사회문화적 환경: 교사의 기대수준, 동료집단의 특성

지역의 교육 환경 가운데 학생들의 학업성취에 영향을 미칠 사회문화적 환경으로서 학생에 대한 교사의 기대수준과 동료집단의 특성을 살펴보았다.

### 가) 학생에 대한 교사의 기대수준

학생들에 대한 교사의 인식과 기대수준에서도 도시와 시골 지역 사이에 큰 차이를 보이고 있음을 확인할 수 있었다. 다음은 이와 관련된 면담 내용이다.

> "학생들의 질을 봐도 군 지역에 비하여서 월등히 우수하죠. 학업성취도 면에서는 우수 학생 집단이(목포시 내 고등학교로) 지원하고 인성 면에서도 마찬가지에요. 수능 모의고사 결과나 생활지도 결과를 보면 확실히 드러납니다.(중략) 학업성취도수준이 높고 의욕이 강해서 미래에 대한 설계를 확실히 하고 그 꿈을 이룩하려는 노력 또한 대단하다고 생각해요."
> — 시 소재 고등학교 교사

> "목포시 학생에 비하여서(주변 군 지역 학생이)질적으로 떨어지고, 시간이 지나면서 그 차이가 더 커지고 있어요. 데이터상으로도 점차 확연하게 벌어지고 있고, 그리고 주위의 선생님들도 그렇게 인식하고 계세요. …… 그렇게 그러니까 좋지 않은 …… 썩 좋지

않은 아이들이 우리학교에 많이 진학하는 편이 되죠. 어. …… 그렇기 때문에 아이들이 질적으로 많이 떨어진다고 할 수 있고, 그 전에 비하여서 갈수록 더 심화되고 있어요. …… 근무의욕이나 이런 것들이 상대적으로 떨어진다고 봐야할 것 같습니다. 그리고 학생들에 대한 교사들의 의욕도 교사들이 많이 떨어져서 떨어진 …… 떨어져있다는 상태를 감안해서 수업을 진행하다 보니까"

― 군 소재 고등학교 교사

도시와 시골 지역 고등학교 교사들의 학생들에 대한 인식 차이는 매우 크다고 할 수 있다. 면담 내용을 살펴보면 도시 지역의 교사는 학생들에 대한 기대수준이 매우 높은 반면 시골 지역의 교사는 학생들에 대한 기대수준이 상대적으로 낮음을 알 수 있다. 목포시 소재 고등학교 교사의 경우 학생들을 우수한 집단으로 생각하고 있으며, 학생들이 스스로 노력하고 그 의욕이 뛰어나다고 인식하였다. 그러나 주변 군 지역 소재 고등학교 교사의 경우 대부분 학생들의 수준이 시 지역에 비하여 많이 떨어진다고 인식하고 있다.

그런데 이러한 인식은 단순한 선입관이나 처음부터 존재하는 고정관념이라기보다는 현실 속에서 차츰 기대치가 떨어지는 상황일 가능성이 높다. 다음 면담 내용은 이러한 사실을 뒷받침한다.

"처음에 오신 선생님들은 목포시 학생들과 같게 보거든요. 여기에 계속 있으신 분들은 좀 낮게 보죠. 갈수록 보면 애들이 동기부여도 제대로 안 되어 있고, 학업성취도 갈수록 낮고 그러니까."

― 군 소재 고등학교 교사

군 소재 고등학교 교사들의 학생에 대한 부정적 인식이 객관적인 상황에 대한 것이라 하더라도 이러한 인식 자체는 교사의 의욕을 저

하시키기에 충분하다. 교사의 학생에 대한 기대 수준과 업무에 대한
의욕은 그들의 교육 활동의 질을 결정할 뿐만 아니라 학생의 인성발
달과 학업성취도에 큰 영향을 미친다(Brookover, 1979; Bidwell & K
asarda, 1980). 따라서 시골 지역의 경우 도시 지역에 비하여 교사의
기대수준과 업무에 대한 의욕이 낮고, 그것이 학생의 학습의욕과 학
업성취도에 부정적으로 작용할 가능성이 크다고 볼 수 있다. 그리고
이러한 상황은 상대적으로 과중하게 부과되는 행정업무와 여러 학년,
여러 과목의 수업을 준비하여야 하는 수업준비 부담과 더해져 수업의
질적 저하를 유발하는 요인으로 작용할 수 있다.

## 나) 동료집단의 특성

다음으로 사회문화적 환경에서 살펴볼 것은 학생들의 동료집단 특
성에 관한 문제이다. 동료집단은 학생들의 학교문화를 형성하고 학
생 개인의 행동을 결정하는 참조집단으로서 학교 환경에서 중요한
부분을 차지한다. 특히 동료집단의 포부수준은 학생 개인의 포부수
준을 형성하는 데 많은 영향을 미친다. Coleman 보고서에서도 학업
성취도에 영향을 미치는 중요한 요인으로 동료집단을 꼽고 있다(Col
eman et al., 1966). 여기에서는 학업성취도 측면에서 동료집단이 긍
정적 역할을 하는지 여부와 관련하여 동료집단의 차이를 확인하였다.
다음은 이와 관련된 면담내용이다.

  "경쟁의식이 좀 많구요. 자기가 하고 싶어 하는 건 끝까지 밀어
 붙이고 열심히 하는 애들이 많아요. 주위에 그런 애들이 많으니까
 그게 많이 자극이 되요. 이를 테면 시골에 혼자 일등하고 주위에
 뭐 없는 것보다 주위에 다 잘하는 애들 같이 있으면 의욕이 높아질

수 있을 거라 생각이 드는 거죠."

-시 소재 고등학교 학생

"애들은 지금 전혀 옆에서 동기 부여라든가 그런 자극 같은 게 거의 없거든요. 친구 …… 진짜 친구의 개념으로 서로 경쟁하는 관계가 아니고 친구니까 …… 같이 놀면 같이 놀고 그런거 거든요. 누가 누구를 경쟁상대로 삼고 그런 게 전혀 없으니까 진짜 공부를 너무 안하는 것 같아요. 동기부여도 없고 …… 따라서 나도 높아야지 그런 게 없고, 그냥 …… 서로 잘 놀자. …… 갈수록 보면 애들이 동기부여도 제대로 안 되어 있고, 학업성취도 갈수록 낮고 그러니까"

-군 소재 고등학교 교사

시 소재 고등학교 학생의 면담내용과 군 소재 고등학교 교사의 면담내용은 두 지역의 동료집단이 어떻게 다른지 보여준다. 시 소재 고등학교의 경우 학급 내 동료집단은 학업성취도 측면에서 긍정적 자극이 된다. 동료집단의 행동이 서로 경쟁하는 분위기를 자연스럽게 유발하고 그것이 서로 자극이 되어 학업에 참여하게 되는 것이다.

반면 군 소재 고등학교의 동료집단의 특성은 학업성취도를 자극하는 측면에서 본다면 시 소재 고등학교와 상반되는 상황을 보여준다. 전반적으로 학업성취도가 낮은 상황에서 군 소재 고등학교 학생들은 서로에게 자극이 되거나 학업성취도에 대한 동기를 부여하는 역할이 이루어지지 않는 것으로 이해된다.

이제까지의 연구 결과와 분석에 따르면, 도시 지역과 시골 지역 사이의 학업성취도 격차의 원인은 지역의 교육 환경이 서로 다르기 때문이라고 이해된다. 그런데 이러한 결론에는 보완되어야 할 문제가 있다. 중학교 단계에서는 비교적 적었던 도시 지역과 시골 지역의 학업성취도 격차(180점 만점, 시 117.55, 군 109.01, 전체 표준편차 34.816)가 고등학교 단계에서 두 배 정도의 격차(280점 만점, 6월: 시 206.99, 군 119.82, 전체 표준편차 54.580 / 9월: 시 194.52, 군 106.52, 전체 표준편차 53.784)로 확연하게 증가하는 이유는 무엇인가 하는 점이다. 고등학교 단계에서 확인된 지역의 영향력과 효과만으로는 중학교 단계에 비해 고등학교 단계에서 확연하게 커지는 학업성취도 격차를 충분히 설명할 수 없다.

## 2. 학생 이동

지역 교육 환경의 영향력만으로 설명이 되지 않는 부분이 바로 고등학교 단계에서 더욱 확연하게 벌어지는 지역 사이의 학업성취도 격차 문제이다. 이 부분에 대한 설명은 중학교에서 고등학교 진학단계에 나타나는 학생 이동 현상을 통하여 어느 정도 설명이 가능하다. 시골 지역의 학생들 가운데 비교적 우수한 학생들이 중학교에서 고등학교로 진학하는 시점에서 도시 지역으로 이동한다는 것이다. 이렇게 될 경우, 고등학교 단계에서 시골 지역에 남아있게 되는 학생들과 도시 지역에 모이게 되는 학생들의 학업성취도 격차는 더욱 벌어질 수밖에 없다. 이를 확인하기 위하여 군 지역의 중학교 3학년 학생들의 진학예정 고등학교 소재지를 중심으로 학업성취도에 차이가 있는지 t-검정을 통하여 확인하였다. 그 결과는 〈표 Ⅳ-7〉과 같다.

〈표 Ⅳ-7〉을 살펴보면 군 지역 중학생 표집 인원 268명 가운데 20.15%인 54명이 고등학교 진학단계에서 시 지역으로 이동하는 것을 확인할 수 있다. 시 지역으로 이동하는 학생들과 군 지역에 잔류하는 학생들의 학업성취도를 살펴보면, 총점을 기준으로 볼 때, 시 지역으로 이동하는 학생들의 평균은 121.20이다. 이는 군 지역에 잔류하는 학생들의 평균 106.42보다 약 15점 정도 높은 것(p〈.01)이다. 과목별로는 미술과 도덕을 제외한 모든 과목에서 p〈.01 수준으로 시 지역으로 이동하는 학생들의 학업성취도가 높다. 이 차이는 재학 중인 중학교 소재 지역을 기준으로 하여 시 지역에 재학 중인 학생과 군 지역에 재학 중인 학생으로 집단을 구분하였을 경우(총점에서 8.54점 차이, 〈표 Ⅳ-8〉 참조)보다 큰 점수 격차이다. 이러한 결과는 군 지역의 비교적 우수한 학생 집단이 고등학교 진학단계에서 시 지역으로 이동하는 것을 의미한다. 시 지역으로의 우수학생 이동은 고등학교 단계에서 도시 지역과 시골 지역 사이의 학업성취도 격차를 더욱 확연하게 하는 요인이 될 수 있는 것이다.

이러한 현상을 확인하기 위하여 중학교 3학년의 진학 예정 고등학교 소재지를 기준으로 하여 시 지역과 군 지역의 학업성취도 차이를 재확인하였다. 그리고 그것을 앞에서 살펴본 중학교 소재지를 기준으로 하였을 때의 학업성취도 차이와 비교해보았다. 그 결과는 〈표 Ⅳ-8〉과 같다.

〈표 Ⅳ-8〉을 통하여 두 경우를 비교해보면, 중학생의 시 지역과 군 지역 사이의 학업성취도 격차는 앞서 살펴본 것과 같이 총점을 기준으로 8.54점이며 과목별로는 국어(p〈.05), 기술·가정(p〈.05), 미술(p〈.05), 영어(p〈.01)에서만 유의미한 차이를 보이고 있다. 그런데 이들의 진학예정 고등학교의 소재 지역을 기준으로 시 지역과 군 지역의 학업성취도 차이를 확인해본 결과 그 차이는 더욱 확연하게 벌어짐을 알 수 있다.

먼저 총점을 기준으로 할 때, 시 지역과 군 지역의 학업성취도의 격차는 중학교 소재 지역을 기준으로 할 때는 8.54점이었다. 그러나 진학예정 고등학교 소재 지역을 기준으로 할 때는 14.42점의 격차를 보인다. 진학예정 고등학교 소재 지역을 기준으로 하였을 경우의 격차가 더욱 벌어지는 것이다. 각 과목별로는 중학교 소재 지역을 기준으로 진학예정 고등학교 소재 지역을 비교하였을 경우, 모든 과목에서 시 지역의 학업성취도 평균은 높아지고 군 지역의 학업성취도 평균은 낮아진다. 학업성취도에 유의미한 차이를 보이지 않았던 도덕($p < .01$), 사회($p < .01$), 수학($p < .01$), 과학($p < .01$), 음악($p < .05$)에서도 유의미한 차이가 나타나고 있다. 또한 중학교 소재 지역 기준에서 차이를 보였던 국어($p < .05$), 기술·가정($p < .05$), 미술($p < .05$) 영어($p < .01$) 과목 모두 진학예정 고등학교 소재 지역 기준으로 분석하였을 경우, t 값이 상승하였고 유의도 역시 $p < .01$ 수준으로 높아진 것을 확인할 수 있다. 이러한 결과는 시골 지역의 우수한 학생이 고등학교 진학단계에서 도시 지역으로 이동한다는 것을 의미한다. 그리고 결과적으로 우수한 학생의 이동이 도시 지역과 시골 지역 사이의 학업성취도 격차를 중학교 단계에서보다 더욱 커지도록 만드는 요인으로 작용하는 것이 확인된 것이다.

〈표 Ⅳ-7〉 군 소재 중학교 학생들의 진학예정 고교 소재 지역에
따른 학업성취도 차이

| 변   인 | 집단구분 | | | 사례 수 | 평   균 | 표준편차 | t 값 |
|---|---|---|---|---|---|---|---|
| | 중학교 | - | 진학예정<br>고등학교 | | | | |
| 국   어 | 군 | - | 군 | 214 | 19.61 | 5.63 | -2.33* |
| | 군 | - | 시 | 54 | 21.59 | 5.40 | |
| 도   덕 | 군 | - | 군 | 214 | 8.65 | 2.38 | -1.93 |
| | 군 | - | 시 | 54 | 9.35 | 2.32 | |
| 사   회 | 군 | - | 군 | 214 | 16.11 | 5.67 | -2.44* |
| | 군 | - | 시 | 54 | 18.20 | 5.49 | |
| 수   학 | 군 | - | 군 | 214 | 14.88 | 7.11 | -2.48* |
| | 군 | - | 시 | 54 | 17.61 | 7.65 | |
| 과   학 | 군 | - | 군 | 214 | 14.34 | 5.52 | -2.16* |
| | 군 | - | 시 | 54 | 16.17 | 5.67 | |
| 기술·가정 | 군 | - | 군 | 214 | 10.83 | 3.31 | -2.06* |
| | 군 | - | 시 | 54 | 11.87 | 3.40 | |
| 음   악 | 군 | - | 군 | 214 | 4.77 | 2.31 | -1.49 |
| | 군 | - | 시 | 54 | 5.28 | 1.88 | |
| 미   술 | 군 | - | 군 | 214 | 5.24 | 1.90 | -1.52 |
| | 군 | - | 시 | 54 | 5.76 | 2.33 | |
| 영   어 | 군 | - | 군 | 214 | 11.99 | 5.52 | -4.02** |
| | 군 | - | 시 | 54 | 15.37 | 5.54 | |
| 총   점 | 군 | - | 군 | 214 | 106.42 | 33.54 | -2.89** |
| | 군 | - | 시 | 54 | 121.20 | 33.61 | |

* $p < .05$, ** $p < .01$

〈표 Ⅳ-8〉 중학교 소재 지역 간 학업성취도 차이와 진학예정 고등학교
소재 지역 간 학업성취도 격차 비교

| 변 인 | 집단<br>구분 | 중학교<br>소재 지역 기준 | | | 진학예정 고등학교<br>소재 지역 기준 | | |
|---|---|---|---|---|---|---|---|
| | | 평 균 | 표준편차 | t 값 | 평 균 | 표준편차 | t 값 |
| 국 어 | 시 | 21.18 | 5.78 | 2.04* | 21.71 | 5.32 | 3.55** |
| | 군 | 19.92 | 5.74 | | 19.69 | 5.68 | |
| 도 덕 | 시 | 9.15 | 2.43 | 1.46 | 9.38 | 2.23 | 2.93** |
| | 군 | 8.77 | 2.41 | | 8.67 | 2.40 | |
| 사 회 | 시 | 17.34 | 5.60 | 1.44 | 18.10 | 5.10 | 3.50** |
| | 군 | 16.46 | 5.73 | | 16.17 | 5.68 | |
| 수 학 | 시 | 16.91 | 7.13 | 1.93 | 17.60 | 7.06 | 3.60** |
| | 군 | 15.41 | 7.29 | | 14.96 | 7.14 | |
| 과 학 | 시 | 15.37 | 6.04 | 1.13 | 16.01 | 5.73 | 2.78** |
| | 군 | 14.67 | 5.62 | | 14.39 | 5.55 | |
| 기술 · 가정 | 시 | 11.81 | 3.20 | 2.32* | 12.09 | 2.96 | 3.82** |
| | 군 | 10.98 | 3.39 | | 10.85 | 3.36 | |
| 음 악 | 시 | 5.37 | 2.42 | 1.96 | 5.41 | 2.17 | 2.43* |
| | 군 | 4.88 | 2.24 | | 4.84 | 2.37 | |
| 미 술 | 시 | 5.75 | 2.01 | 2.08* | 5.88 | 2.02 | 3.04** |
| | 군 | 5.30 | 2.01 | | 5.27 | 1.93 | |
| 영 어 | 시 | 14.66 | 6.27 | 3.20** | 15.20 | 5.83 | 5.23** |
| | 군 | 12.63 | 5.71 | | 12.11 | 5.65 | |
| 총 점 | 시 | 117.55 | 35.37 | 2.29* | 121.38 | 32.31 | 4.20** |
| | 군 | 109.01 | 34.28 | | 106.96 | 34.05 | |

* $p < .05$, ** $p < .01$

〈표 Ⅳ-8〉을 통하여 확인할 수 있는 또 다른 측면은 진학예정 고
등학교 소재 지역을 기준으로 할 때, 총점과 각 과목 모두에서 시
지역과 군 지역의 표준편차가 줄어든다는 것이다. 표준편차의 감소

는 집단의 동질화를 의미하는데, 고등학교 진학단계에서 도시 지역은 비교적 높은 학업성취도를 보이는 학생집단으로, 시골 지역은 비교적 낮은 학업성취도 수준의 학생집단으로 동질화되는 것이다.

지금까지 고등학교 진학 단계에서 나타나는 도시와 시골 지역 사이의 학업성취도 격차에 대한 원인을 살펴보았다. 대체적으로 학업성취도는 도시 지역이 시골 지역보다 높게 나타나고, 고등학교 단계에서 도시와 시골 지역 사이의 격차는 중학교 단계에서의 지역 간 격차보다 크며, 학생의 가정배경을 통제한 이후에도 나타난다. 이러한 학업성취도 격차의 원인에 대해 이 연구는 두 가지 문제를 검증하였다. 첫째는 도시 지역의 교육 환경에 비하여 시골 지역의 교육 환경이 학생들의 학업성취도에 불리하다는 것이며, 둘째는 고등학교 진학단계에서 시골 지역의 우수학생들이 도시 지역으로 이동한다는 것이다.

그런데 이러한 결과를 이해할 때 이 두 가지 문제는 서로 구분되거나 동떨어진 것이 아니라 서로 밀접하게 연관된 것임을 고려할 필요가 있다. 이미 살펴본 지역 사이의 교육 환경 격차는 학생 이동과 별개의 문제가 아니다. 예를 들면, 사회문화적 환경 측면에서 학생에 대한 교사의 인식이나 기대수준, 학생 동료집단 수준의 지역 간 격차는 우수한 학생의 이동으로 인하여 발생하게 되는 문제로 볼 수 있다. 또한 학생 이동은 지역사회의 학령인구 감소를 유발하고 이는 학교규모의 축소와 이로 인한 교사의 업무 부담 증가와도 관련된다. 학원 시설의 확충 문제 또한 지역 학령인구의 유출과 감소로 인하여 지역 간 격차가 해소되지 못하는 것일 수 있다. 또 반대로 시골 지역의 우수한 학생들이 이동하는 원인 자체가 도시 지역의 비교적 좋은 교육 환경으로 인한 것이라고 생각할 수 있다.

이러한 상황은 앞으로 도시 지역과 시골 지역 사이의 학업성취도 격차가 더욱 심화될 수 있다는 가능성을 예고한다. 학령인구가 꾸준히 유출되는 시골 지역의 교육 환경은 더욱 악화되고 이러한 상황에서 학령인구 유출은 더욱 촉발될 수 있으며, 이것이 악순환을 반복하는 동안 그 격차는 더욱 심화될 수 있다는 것이다. 교육기회의 균등 차원에서 이해한다면, 지역 사이에 교육 환경 격차는 점차 축소되어야 하지만, 실제 교육 환경의 격차는 축소되지 않은 채 유지되거나 혹은 더욱 심화될 수 있다. 그리고 이 과정에서 시골 지역의 교육 환경은 인적 환경, 물리적 환경, 사회문화적 환경 등 모든 부분에서 황폐화될 우려가 있다.

# Ⅴ. 학생 이동과 교육기회 불평등의 심화

도시 지역과 시골 지역의 학업성취도 격차의 원인을 살펴볼 때 학업성취도의 격차가 나타나는 현상은 단순히 도시 지역 학생들과 시골 지역 학생들의 학교성적에 차이가 있다는 표면적인 내용을 넘어서는 문제를 안고 있다. 이와 관련하여 이 장에서는 지역의 학업성취도 격차와 교육 환경 차이, 학생 이동으로 인하여 발생되는 지역사회의 문제를 다루려고 한다.

## 1. 시골 지역 학생 유출

인구의 이동은 도시가 가지고 있는 기능과 밀접한 관련을 갖는다. 경제적, 정치적, 문화적 기능 등 지역의 기능이 많아지고 그 수준이 높아질수록 기능을 이용하려는 인구가 그 지역으로 집중된다. 학령인구의 이동, 특히 학생집단의 이동 현상은 이러한 지역의 기능 가운데 교육기능과 밀접한 관련이 있다. 이러한 이유에서 시골 지역에 비하여 좋은 교육 환경을 가지고 있는 도시 지역으로 학령인구가 집중되는 현상이 나타날 수 있다. 그리고 실제 환경뿐 아니라 환경에 대한 사람들의 인식이 이동에 중요한 역할을 담당한다. 도시 지역의 교육 환경이 더 좋다고 믿는 사람들의 인식이 도시로의 학생 이동을 일으키는 요인이 되기 때문이다. 다음 면담내용은 도시 지역으로의 이동과 관련한 사람들의 생각을 보여준다.

"일단요 00보다 목포 안에 그 쪽이 쫌 공부를 잘하니까요. 쫌더
배울 수 있구요. 분위기도 쫌 좋은거 같구요. …… 쫌 잘하는 애들
이 모여서 있으니까요 공부하는 습관이라든가 그런게 훨씬 더 00보
다는 훨씬 더 좋구요. 사교육시설도 훨씬 있고 많고. …… 그런 것
때문에 거기서 공부하면 나중에 뭐 대학 진학할 때나 이럴 때 더
좋을 수 있겠다 싶어서 목포로 진학한거죠."
- 군 소재 중학교에서 시 소재 고등학교로 진학한 학생

면담내용은 목포시 지역이 주변 군 지역보다 교육 환경이 좋을 것
이라는 인식을 보여준다. 이러한 인식의 근거는 이미 존재하는 도시
지역과 시골 지역 사이의 학업성취도 격차임을 확인할 수 있다. "그
쪽이 쫌 공부를 잘하니까요. 쫌더 배울 수 있구요"라는 언급은 이러
한 단면을 보여준다.

다음의 학부모 면담 내용 또한 자녀를 목포시 지역으로 진학시키
는 이유에서 "목포로 진학시키면 더 좋은 대학을 보낼 수 있겠다"라
는 인식의 근거는 "수능 점수가 아무래도 군보다는 목포시니까"라는
이미 존재하는 학업성취도 격차임을 확인할 수 있다.

"목포로 진학시킨 이유는 여기 시골의 학교보다 목포로 진학시키면
이제 더 좋은 대학을 보낼 수 있겠다 싶어서 진학을 시켰죠 목포로. 근
데 이제 이 시골에서 학교를 보내다 보면 수능점수가 안나오거든요.
내신은 더 잘 나올랑가는 모르지만. 목포로 보내면 수능점수가 아무래
도 군보다는 목포시니까. 더 낫다고 생각해서 목포로 보냈습니다."
- 군 소재에서 시 소재 고등학교로 자녀를 진학시킨 학부모

지역에 거주하는 사람들의 이러한 인식은 면담과정에서 쉽게 접할
수 있는 것으로 다수의 사람들은 목포시로 자녀를 보내는 것이 대학

입시에 유리할 것이라는 사실을 의심 없이 받아들이고 있다. 이러한 인식은 앞서 살펴본 사교육 측면에서의 학원 시설 분포 등과 같이 일면 합리적으로 받아들일 수 있는 부분이 있다. 그러나 그 바탕에는 지역 간 학업성취도 격차의 요인을 지역의 교육 환경이 좋거나 나빠서라고 이해하는 막연함이 깔려있다.

결과적으로 도시 지역의 학업성취도가 높다는 사실은 '도시 지역의 교육 환경이 시골 지역보다 좋다'라는 인식의 바탕이 되는 것이다. 그리고 이러한 사실 위에 학원과 같은 교육 환경에 대한 객관적인 인식이 더해지면서 목포시로 학령인구 이동이 촉발되는 것으로 이해될 수 있다. 이와 같은 인식 때문에 대부분 자녀의 학업성적이나 가정의 경제적 여건 등만 가능하다면 목포시로 자녀를 진학시키거나 목포시로의 이동을 원하고 있었다. 다음은 이와 관련된 면담내용이다.

> "큰 데로 목포로 나가고 싶어 하죠. 경제적 여유가 되고 그러면, 성적이 되면 …… 이미 제가 아까 말씀드렸듯이. …… 고등학교 진학할 때 또 그중에서 경제적 형편이 괜찮고 성적이 되는 아이들이 목포로 빠져나가는 거죠."
>
> －군 소재 중학교 교사

위와 같은 인식의 확산은 시골 지역 우수 학생의 유출이라는 문제를 만들어 내고, 우수한 학령인구의 유출은 시골 지역의 인적 환경을 열악하게 만드는 등 여러 가지 측면에서 지역사회의 교육과 관련된 상황을 악화시키는 요인으로 작용할 수 있다. 다음은 우수 학생의 유출로 인해 나타날 수 있는 지역사회의 문제를 보다 구체적으로 살펴보았다.

## 2. 학생 이동의 파급 효과

### 가. 학령인구의 급격한 감소

시골 지역 우수학생의 지속적인 유출은 시골 지역 학령인구의 감소를 유발하는 하나의 요인이 될 수 있다. 이는 동료집단 구성 자체를 어렵게 하는 상황을 야기할 수 있다.

실제 학령인구 증감 추이를 확인하기 위하여 도시 지역인 목포시의 학령인구 변화 추이와 시골 지역인 주변 군 지역의 학령인구 변화추이를 비교해보았다. 그 내용은 〈표 V-1〉과 같다.

〈표 V-1〉을 살펴보면, 학령인구의 수는 목포시와 주변 군 지역 모두에서 감소추세를 보이고 있음을 확인할 수 있다. 이는 출산율 감소와 같은 이동 외 요인이 동시에 작용하기 때문으로 이해할 수 있다. 그러나 그 감소의 폭을 살펴보면 목포시와 다른 군 지역의 상황은 많은 차이를 보인다. 도시 지역인 목포시의 경우 1993년의 총인구와 학령인구를 기준치 100으로 가정할 때 2001년까지 총인구는 108.17로 약간의 증가를 보였으며 학령인구는 76.51로 24% 정도의 감소를 보였다. 이에 반하여 시골 지역인 주변 군 지역은 총인구와 학령인구 모두 각각 89.61, 54.36으로 감소함을 확인할 수 있다. 학령인구의 경우 1993년을 기준으로 45% 이상 감소한 것이다. 총인구 대비 학령인구의 비중 역시 1993년도의 경우 목포시는 22.25% 군 지역은 평균 20.92%로 지역 간 격차가 1.33% 정도였다. 그러나 2001년에 이르러서는 목포 15.74%, 군 지역의 평균은 12.69로 약 3.05%의 차이를 보여 학령인구 비중의 격차는 점차로 벌어지고 있음을 알 수 있다. 시골 지역인 주변 군 지역의 학령인구 감소가 더욱 급격하게 이루어지면서 도시 지역의 학령인구 분포 정도와 그 격차가 더욱 벌어지는 것이다.

〈표 V-1〉목포시와 주변 군 지역 학령인구의 변화추이 비교

| 구 분 | 목포시 | | | 무안, 영암, 해남군 합 | | |
|---|---|---|---|---|---|---|
| | 총인구 | 학령인구 | 총인구 대비 학령인구 | 총인구 | 학령인구 | 총인구 대비 학령인구 |
| 1993 | 227,117 (100.00) | 50,530 (100.00) | 22.25% | 257,208 (100.00) | 53,806 (100.00) | 20.92% |
| 1994 | 231,519 (101.94) | 49,481 (97.92) | 21.37% | 248,455 (96.60) | 49,227 (91.49) | 19.81% |
| 1995 | 239,571 (105.48) | 49,196 (97.35) | 20.54% | 245,410 (95.41) | 45,689 (84.91) | 18.62% |
| 1996 | 245,471 (108.08) | 48,388 (95.76) | 19.71% | 239,029 (92.93) | 42,154 (78.34) | 17.64% |
| 1997 | 250,178 (110.15) | 47,185 (93.38) | 18.86% | 235,559 (91.58) | 38,715 (71.95) | 16.44% |
| 1998 | 248,950 (109.61) | 45,364 (89.77) | 18.22% | 239,455 (93.09) | 36,935 (68.64) | 15.42% |
| 1999 | 246,741 (108.64) | 42,770 (84.64) | 17.33% | 238,584 (92.75) | 32,447 (60.30) | 13.60% |
| 2000 | 245,831 (108.24) | 40,376 (79.90) | 16.42% | 235,320 (91.49) | 31,667 (58.85) | 13.46% |
| 2001 | 245,666 (108.17) | 38,663 (76.51) | 15.74% | 230,506 (89.61) | 29,247 (54.36) | 12.69% |

* 자료: 목포시(1993-2001). 목포통계연보., 무안군(1993-2001). 무안통계연보., 영암군(1993-2001). 영암통계연보., 해남군(1993-2001). 해남통계연보. 자료를 재구성한 것임.
* 학령인구는 지역통계 연보에서 만 10세-14세, 만 15세-19세 인구임.
* ( )안은 1993년도 수치를 기준수치 100으로 상정하였을 때의 비교수치임.

특히 우수학생의 유출은 남게 된 다른 학생들에게도 더 나은 교육 환경으로의 이동을 자극하게 된다는 점에서 인구의 급격한 감소를 불러올 수 있다. 그리고 군 지역에 잔류하는 학생들의 학업성취도 수준이 비교적 낮은 집단임을 감안할 때 군 지역의 교육 환경은 더욱 악화되는 것이다.

140

## 나. 학교규모의 축소로 인한 교사의 1인당 업무 부담 증가

학령인구의 감소는 학교규모의 축소로 이어지며 학교규모의 축소는 앞에서 언급했던 것과 같이 교사의 업무 부담을 증가시킨다. 이러한 상황에서 군 지역 학령인구의 급격한 감소는 도시 지역 학교와의 학교규모 격차를 더욱 심화시킬 것으로 생각된다. 시골 지역 학교규모의 축소와 교사 수의 감소는 시골 지역 교사들의 업무 부담을 더욱 증가시킬 수 있는 것이다. 이에 따라 1990년도부터 2001년도까지 군 지역 고등학교 1개교당 평균 교사 수 추이와 목포시 지역 고등학교 1개교당 평균 교사 수 변화추이를 비교해보았다. 그 내용은 〈표 V-2〉와 같다.

〈표 V-2〉 지역별 고등학교 1개교당 평균 교사 수

| 구 분 | 목포시 | 무안, 영암, 해남군 합 |
|---|---|---|
| 1990 | 63.53 | 39.00 |
| 1991 | 65.73 | 34.76 |
| 1995 | 66.86 | 34.19 |
| 1996 | 67.46 | 34.43 |
| 2000 | 65.80 | 31.69 |
| 2001 | 63.33 | 29.00 |

* 자료: 목포시(1990;1991;1995;1996;2000;2001). 목포통계연보.,
무안군(1990;1991;1995;1996;2000; 2001). 무안통계연보., 영암군
(1990;1991;1995;1996;2000;2001). 영암통계연보., 해남군
(1990;1991 ;1995;1996;2000;2001). 해남통계연보. 자료를 재구성한 것임.

〈표 V-2〉를 살펴보면 목포시의 경우 학교 1개교당 평균 교사 수가 1990년의 63.53명으로부터 1996년의 67.46명이 될 때까지 지속적

인 증가추세를 보이다가 2000년도에 이르러서 약간의 감소를 보이고 있다. 이에 비하여 군 지역의 경우 1990년에는 평균 39.00명이었던 교사 수가 2001년에 이르러 29.00명으로 감소하였다. 이는 시 지역의 학교 1개교당 교사 수와 비교할 때 그 격차가 더욱 벌어진 것이다. 이러한 상황에서 군 지역 고등학교 교사 1인의 행정업무 분담량은 더욱 증가할 수밖에 없는 것이다. 이러한 상황은 교사의 피로와 스트레스를 가중시키고 학습지도와 생활지도에 쏟을 교사의 힘을 분산한다는 점에서 학생에게 부여되는 교육 환경의 지역 간 격차가 더욱 심화되고 있는 것으로 이해할 수 있다.

## 다. 실업계 고등학교 비율의 증가와 일반계 고등학교 비율의 감소

우수 학생의 유출과 시골 지역 교육 환경의 악화는 고등학교 분포에 있어서도 도시 지역과의 격차를 심화시키는 것으로 이해된다. 1991년부터 2001년까지의 도시 지역인 목포시와 시골 지역인 주변 군 지역의 고등학교 분포의 변화는 도시 지역과 시골 지역의 교육 환경 격차가 점차 심해지는 과정을 보여준다. 그 내용은 〈표 V-3〉과 같다.

〈표 Ⅴ-3〉 지역별 일반계, 실업계 고등학교 분포의 변화 추이

| 구 분 | | 목포시 | | | 무안, 영암, 해남군 합 | | |
|---|---|---|---|---|---|---|---|
| | | 일반계 | 실업계 | 실업계비중 | 일반계 | 실업계 | 실업계비중 |
| 1990 | 학교 | 10 (100.00) | 5 (100.00) | 33.33% | 12 (100.00) | 3 (100.00) | 20.00% |
| | 학급 | 281 (100.00) | 151 (100.00) | 34.95% | 166 (100.00) | 66 (100.00) | 28.45% |
| | 학생 | 14,777 (100.00) | 7,800 (100.00) | 34.55% | 8,258 (100.00) | 3,301 (100.00) | 28.56% |
| 1991 | 학교 | 10 (100.00) | 5 (100.00) | 33.33% | 12 (100.00) | 5 (166.67) | 29.41% |
| | 학급 | 283 (100.71) | 152 (100.66) | 34.94% | 152 (91.56) | 101 (153.03) | 39.92% |
| | 학생 | 14,445 (97.75) | 7,563 (96.96) | 34.36% | 6,459 (78.22) | 4,874 (147.65) | 43.01% |
| 1995 | 학교 | 10 (100.00) | 5 (100.00) | 33.33% | 8 (66.67) | 8 (266.67) | 50.00% |
| | 학급 | 287 (102.14) | 154 (101.99) | 34.92% | 99 (59.64) | 122 (184.85) | 55.20% |
| | 학생 | 13,244 (89.63) | 6,972 (89.38) | 34.49% | 3,692 (44.71) | - | - |
| 1996 | 학교 | 10 (100.00) | 5 (100.00) | 33.33% | 8 (66.67) | 8 (266.67) | 50.00% |
| | 학급 | 288 (102.49) | 163 (107.95) | 36.14% | 98 (59.04) | 126 (190.91) | 56.25% |
| | 학생 | 13,086 (88.56) | 7,358 (94.33) | 35.99% | 3,711 (44.94) | 5,489 (166.28) | 59.66% |
| 2000 | 학교 | 10 (100.00) | 5 (100.00) | 33.33% | 8 (66.67) | 8 (266.67) | 50.00% |
| | 학급 | 291 (103.56) | 169 (111.92) | 36.74% | 84 (50.60) | 128 (193.94) | 60.38% |
| | 학생 | 11,301 (76.48) | 6,288 (80.62) | 35.75% | 3,003 (36.36) | 4,527 (137.14) | 60.12% |
| 2001 | 학교 | 11 (110.00) | 4 (80.00) | 26.67% | 8 (66.67) | 8 (266.67) | 50.00% |
| | 학급 | 304 (108.19) | 127 (84.11) | 29.47% | 84 (50.60) | 120 (181.82) | 58.82% |
| | 학생 | 11,241 (76.07) | 4,427 (56.76) | 28.26% | 2,766 (33.49) | 3,661 (110.91) | 56.96% |

* 자료: 목포시(1990:1991:1995:1996:2000:2001). 목포통계연보., 무안군(1990:1991:1995:199
  6: 2000:2001). 무안통계연보., 영암군(1990:1991:1995:1996:2000:2001). 영암통계연
  보., 해남군(1990:1991:1995:1996:2000:2001). 해남통계연보. 자료를 재구성한 것임.
* ( )안은 1993년도 수치를 기준수치 100으로 상정하였을 때의 비교수치
* 1995년 무안, 영암, 해남 실업계 고등학교의 경우 해당년도 세부 지역의 실업계 고등
** 학교 수를 확인할 수 없어 표시하지 못함.

〈표 V-3〉을 살펴보면, 목포의 경우 1990년부터 2000년까지 일반계 고등학교와 실업계 고등학교는 각각 10개교, 5개교를 유지해오다가 2001년에 일반계 고등학교 11개교, 실업계 고등학교 4개교로 실업계 고등학교의 비중은 변화가 없거나 축소되는 경향을 보였다. 또 전체 학급, 학생 가운데 실업계 고등학교의 비중 역시 35% 내외를 유지하다가 2001년에 30% 미만의 수치로 낮아졌다.

그러나 주변 군 지역의 경우 1990년부터 2001년까지 전체 학교 수, 학급 수, 학생 수에서 실업계 고등학교가 차지하는 비중이 지속적으로 증가하는 것이 확인된다. 일반계 고등학교의 경우 1990년과 1991년에 12개교로 변화가 없었으나 실업계 고등학교의 경우 3개교에서 5개교로 증가하였다. 그리고 1995년 이후부터는 2001년 현재까지 일반계 고등학교와 실업계 고등학교가 각각 8개교로 실업계 고등학교의 비중은 50% 정도가 유지되고 있다. 그리고 학급 수와 학생 수 비중을 살펴보면, 1990년부터 2000년까지 실업계 고등학교의 비중이 증가하는 것을 확인할 수 있다. 이러한 추세는 2001년에 이르러 약간의 감소세로 변화되는 듯 하다.

여기에서 주목되는 것은 1990년의 경우 주변 군 지역의 전체 고등학교 가운데 실업계 고등학교 학교 수의 비율은 20%로 목포시보다 적었다는 것이다. 그러나 1990년 이후 실업계 고등학교의 분포가 지속적으로 증가하는데, 이러한 변화는 여러 상황이 종합된 결과로 이해할 수 있다. 다음은 이와 관련된 면담내용이다.

"정책적인 차원에서 실업계고등학교는 줄이는 데 한계가 있습니다. 실업계 육성정책도 있고, 실업계 과목 담당 교사들의 신분 문제도 있고, 그래서 없애지는 못하고 도시에 설치하자니 학생이 안 들어오고 …… 그래서 시골 지역에 많아졌다고 봐야지요. …… "

－군 지역 교육청 장학사

면담내용에서 알 수 있는 것은 정책 차원에서 도시 지역에서 수용이 되지 않는 실업계 고등학교가 시골로 떠밀려 왔다고 인식된다는 사실이다. 여기에는 몇 가지 내용이 포함되어 있는 것으로 판단되는데 도시 지역에서는 외면 받는 실업계 고등학교가 시골 지역에서는 외면 받는 정도가 도시보다 덜하다는 점이다. 다음 면담내용은 이러한 생각에 몇 가지 시사점을 준다.

> "성적이 어떠하든지 간에 대부분의 학생들은 일반계 고등학교에 진학하길 원합니다. 그중에 성적이 되거나 경제적 여건이 되는 학생들은 목포시로 보내고, 그렇지 못 한 학생들은 성적순으로 잘라서 근처에 있는 학교에 보냅니다. 그나마 성적이 나은 학생들은 관내의 일반계 고등학교로 보내고, 그보다 더 처지는 학생들은 실업계로 보내는 실정이죠. …… "
>
> — 군 소재 중학교 교사

> "성적이 좋은 학생들은 목포시내의 일반계 고등학교로 어차피 지원을 해서 떠나 버리고, 성적이 안 되거나 경제적 여건이 되지 못한 학생들이 남아서 고등학교를 진학합니다. 시골 실업계의 경우 정부에서 실업계 진흥정책의 일환으로 학비는 물론 각종 시설을 지원하고 있는데, 부모들의 입장에서 성적이 안 되서 목포로 진학하지 못할 바에야 실업계를 가는 게 낫다고 생각을 하는 경우도 있고요. …… "
>
> — 군 소재 중학교 교감.

면담내용을 살펴보면 대체적으로 학생들은 일반계 고등학교에 진학하길 원하지만 도시 지역으로 이동하지 못하는 시골 지역 학생들은 가정형편이나 여러 가지 측면에서 실업계 고등학교를 선택하게 되는 경우가 많다는 것이다. 특히 정부의 학비 지원 등의 내용은 경제적 여건과 관련하여 도시 지역 학생들에게 보다 시골 지역 학생들이나 학부모들에게 매력적으로 보일 수 있다. 그리고 이러한 점에서 도시 지역보다 시골 지역에서 실업계 고등학교를 유지하는 상황이 유리할 수 있다. 가정배경과 학업성취 측면에서 비교적 우수한 집단의 도시 지역으로의 유출은 시골 지역의 실업계 고등학교 증가를 간접적으로 유발하는 원인이 될 수 있는 것이다.

## 라. 학교 외 교육시설 부족

학령인구의 지속적인 감소는 지역의 학교 외 교육시설 부족을 가져올 수 있다. 이를 확인하기 위해 도시 지역인 목포시와 시골 지역인 주변 군 지역의 학원 수와 강사 수의 변화 추이를 살펴보았다. 시계열분석에서는 학교교육과 관련된 문리계 학원만을 분리하여 확인할 수 없었던 관계로 지역에 등록된 사설학원 전체의 추이를 살펴보았다. 그 내용은 〈표 V-4〉와 같다.

〈표 V-4〉를 통하여 지역별 학원 시설과 강사 수의 추이를 살펴보면 목포시와 주변 군 지역 모두에서 1990년부터 2003년까지 증가추세를 확인할 수 있다. 그러나 그 내용을 살펴보면 목포시와 주변 군 지역은 1990년부터 2003년까지 학원 수와 강사 수의 증가 정도뿐 아니라 인구 1,000명당 학원·강사 수의 증가에 있어서도 큰 차이를 보이고 있다.

## 〈표 Ⅴ-4〉 지역별 학원, 강사 수의 변화 추이

| 구 분 | | | 목포시 | | 무안, 영암, 해남군 합 | |
|---|---|---|---|---|---|---|
| | | | 수 | 인구 1,000명당 학원 수, 강사 수 | 수 | 인구 1,000명당 학원 수, 강사 수 |
| 1990 | 학 원 | | 130 (100.00) | 0.51 | 103 (100.00) | 0.35 |
| | 강 사 | | 276 (100.00) | 1.09 | 170 (100.00) | 0.68 |
| 1994 | 학 원 | | 266 (204.62) | 1.14 | 135 (131.06) | 0.54 |
| | 강 사 | | 522 (198.13) | 2.25 | 197 (115.88) | 0.79 |
| 1997 | 학 원 | | 364 (280.00) | 1.45 | 156 (151.46) | 0.66 |
| | 강 사 | | 679 (246.01) | 2.71 | 217 (127.65) | 0.92 |
| 1998 | 학 원 | | 397 (305.38) | 1.59 | 162 (157.28) | 0.68 |
| | 강 사 | | 677 (245.29) | 2.72 | 237 (139.41) | 0.99 |
| 2002 | 학 원 | | 365 (280.78) | 1.49 | 180 (174.76) | 0.80 |
| | 강 사 | | 931 (337.31) | 3.80 | 278 (163.53) | 1.19 |
| 2003 | 학 원 | | 378 (290.78) | 1.56 | 178 (172.82) | 0.81 |
| | 강 사 | | 965 (349.64) | 3.99 | 267 (157.06) | 1.22 |

* 자료: 목포시(1990 : 1994 : 1997 : 1998 : 2002 : 2003). 목포통계연보., 무안군
  (1990 : 1994 : 1997 : 1998 ; 2002 : 2003). 무안통계연보., 영암군
  (1990 : 1994 : 1997 : 1998 : 2002 : 2003). 영암통계연보., 해남군
  (1990 : 1994 : 1997 : 1998 : 2002 : 2003). 해남통계연보. 자료를 재구성한 것임.
* (  )안은 1990년도 원수치를 기준수치 100으로 상정하였을 때의 비교수치임.

목포의 경우 1990년 당시 학원과 강사 수를 기준수치 100으로 상정할 때 2003년 각각 290.78, 349.64로 약 3배가 증가하였다. 주민 1,000명당 학원 수와 강사 수 역시 1990년 0.51, 1.09에서 2003년 1.56, 3.99로 약 3배가 증가하였다. 이에 비하여 무안, 영암, 해남군의 1990년 학원과 강사 수를 100으로 상정할 때 2003년에 각각 172.82, 157.06으로 증가하였는데, 이는 목포시에 비하면 절반 정도의 증가에 불과하다. 인구 1000명당 학원 수와 강사 수 역시 1990년 0.35, 0.68에서 2003년 0.81, 1.22로 증가하기는 하였으나 이것 역시 목포시와 비교할 때 매우 낮은 수치임을 확인할 수 있다. 2003년도 주변 군 지역의 인구 1,000명당 학원 수와 강사 수는 1994년 목포시의 인구 1,000명당 수치에도 미치지 못하는 것이다.

이러한 결과는 지역사회의 학교 외 교육을 담당하는 학원시설의 지역격차가 전혀 좁혀지지 않고 있고 오히려 그 격차가 벌어지는 양상을 보여준다. 1990년 당시 목포시와 주변 군 지역의 인구 1,000명당 학원 시설 수와 강사 수의 차이는 각각 0.16, 0.41이었던 것이 점점 격차가 커져 2003년에는 0.75, 2.77에 이르게 된 것이다. 이는 학령인구 이동으로 인한 지역 학령인구 감소 자체가 학원시설의 확충과 발전을 저해하기 때문에 나타난 현상으로 이해될 수 있다. 또한 도시 지역과 시골 지역의 격차가 다시 학령인구 이동을 촉발하는 요인이 된다는 점을 감안하면 앞으로 지역의 교육 환경 격차는 더욱 확대될 가능성이 높다.

# Ⅵ. 결 론

학생들의 학업성취도는 지역에 따라 차이가 있으며, 이에 대한 논의는 지속적으로 이루어지고 있다. 논의의 내용은 대체적으로 도시 지역의 학생이 시골 지역의 학생에 비하여 학업성취도가 높다는 것이다. 그러나 도시와 시골 지역 사이에 존재하는 학업성취도 격차에 대한 분석과 설명은 교육의 기회와 관련된 국내 연구에서 간과되어 왔다. 지역 간 학업성취도의 차이를 설명하는 연구들이 없지 않으나, 학업성취도 격차의 실태를 보고하는 수준에서 크게 벗어나지 않고 있으며, 그 원인에 대한 논의는 새롭게 보완되어야 한다.

지역 간 학업성취도의 격차에 영향을 미친다고 논의되어 온 요인은 가정배경의 차이에 따른 영향, 지역의 교육 환경의 차이 정도이다. 그러나 이를 근거로 고등학교 단계에서 중소 도시 지역과 군 지역의 학업성취도의 현격한 차이, 중소 도시 지역의 학업성취도가 서울·광역시 지역의 학업성취도보다 높은 것을 설명하기에는 한계가 있다. 중소 도시 학생들의 가정배경과 교육 환경이 서울·광역시 지역 학생들의 가정배경이나 교육 환경에 비하여 좋지 않기 때문이다. 가정배경과 교육 환경이라는 두 가지 요인으로만 지역 간 학업성취도의 격차를 설명할 수 있다면, 시 지역의 학업성취도는 서울·광역시 지역의 학업성취도보다 낮아야 한다. 그러나 지난 10여 년 간의 평가 결과에 따르면 고등학교의 경우 중소 도시 지역의 학업성취도가 서울·광역시 지역의 학업성취도에 비하여 높게 나타나고 있다. 이는 앞서 설명한 두 가지 요인 외에 다른 요인이 지역 간 학업성취도의 격차에 영향을 미치고 있음을 시사한다. 중소 도시 지역의 학

업성취도가 학교 급이 올라갈수록 높아지는 것과 군 지역의 학업성
취도가 학교 급이 올라갈수록 중소 도시나 대도시에 비하여 떨어지
는 것은 군 지역의 우수한 학생이 도시 지역으로 이동하기 때문에
나타나는 현상일 수 있다.

　학령인구 이동과 관련된 선행 연구들에 따르면, 가정배경이 좋은
학생들이 도시화 정도가 진척된 지역으로 이동한다. 우리나라의 경
우에도 학령인구의 유·출입 실태를 살펴본 결과 중소 도시 지역의
유입이 꾸준히 증가하는 반면에 군 지역은 유출이 급속하게 증가하
는 것으로 나타났다. 이는 군 지역의 가정배경이 좋고 학업성취도가
우수한 학생들이 시 지역으로 이동했을 가능성을 시사한다. 군 지역
에 비하여 중소 도시 지역은 학업성취도가 높고, 교육 환경이 좋은
곳이다. 교육 환경이 좋은 지역으로 이동하고 있는 것이다.

　학령인구의 이동은 학교 환경의 중요한 요소인 동료집단이 유출된
다는 측면에서 교육자원 자체의 이동이기도 한다. 특히 학업성취도
가 우수한 학생들의 이동은 '인재 유출'이고, 지역의 교육 환경에 미
치는 영향력이 크다. 따라서 우수한 학생의 유출은 지역 간 학업성
취도의 격차를 유발할 뿐만 아니라 지역의 교육 환경을 더욱 열악하
게 할 수 있다. 그리고 교육 환경의 열악함은 다시 우수 학생의 이
동을 유발하는 악순환을 거듭하게 될 것이다.

　이와 같은 인식을 바탕으로 이 연구에서는 도시 지역과 시골 지역
사이에 존재하는 학업성취도 격차의 원인을 밝히고, 그것의 결과로
나타나는 시골 지역의 문제를 확인하려고 하였다. 이를 위해 설정한
연구문제는 다음과 같다.

1) 가정 배경의 통제 후에도 도시와 시골 지역 사이의 학업성취도 격차는 존재하는가?

2) 도시와 시골 지역 사이 학업성취도 격차의 원인은 무엇인가?

3) 도시와 시골 지역 사이 학업성취도 격차로 인하여 나타나는 시골 지역의 문제는 무엇인가?

연구문제에 답하기 위하여 목포시와 주변 군 지역인 무안, 영암, 해남을 연구대상 지역으로 선정하고, 지역 간 학업성취도 격차의 요인과 학업성취도 격차가 시골 지역에 미치는 영향을 분석하였다. 분석에 사용된 학생자료는 대상 지역 내 총 9개 중학교 400명의 학생과 7개 고등학교 395명의 학생 자료를 수집하여 사용하였으며, 대상 지역의 교사, 학부모, 학생 면담을 실시하였고 관련 통계자료를 수집하여 분석하였다. 분석 결과는 다음과 같다.

1) 시 지역이 군 지역보다 높은 학업성취도를 보이며 지역 간 학업성취도 격차는 중학교보다 고등학교에서 크게 나타난다. 지역(시-군) 간 학업성취도 차이를 확인하기 위하여 t-검정을 실시하였다. 그 결과 중학생은 시 소재 중학교 학생들이 총점 평균 117.55로 군 소재 중학교 학생들의 총점 평균 109.01보다 $p < .05$ 수준에서 8점 이상 높은 학업성취도를 보이고 있었다. 특히 영어 과목의 격차가 다른 과목보다 크게 나타났다. 고등학생의 경우에도 시 소재 고등학생의 6월과 9월의 평균점수(206.99, 194.52)는 군 소재 고등학교 학생들의 평균점수(119.82, 106.52)보다 두 배 가까이 높게 나타나($p < .01$) 시 지역이 군 지역보다 높은 학업성취도를 보이고 있음을 확인할 수 있었다. 또한 지역 간 학업성취도의 격차는 중학교 단계와 비교할 때 고등학교 단계에서 비교적 크게 나타났다.

2) 가정배경 통제 후 학업성취도에 대한 지역의 영향력은 고등학교 단계에서만 나타났다. 회귀분석 결과 중학교 단계에서 나타났던 지역 사이의 학업성취도 격차는 지역에 따른 학생들의 가정배경 차이 때문에 나타난 것으로 확인되었다. 반면 고등학교 단계에서는 가정배경 모델이 고등학생 학업성취도를 19% 이상 설명하는 가운데 고등학교 소재 지역을 추가 투입한 모델의 경우 수정된 R2 값이 6월과 9월 모의고사 결과 기준으로 각각 .453, .482 증가하였다. 지역 변인은 학업성취도의 60% 이상을 설명하여 지역의 영향력이 매우 강하게 나타남을 확인할 수 있었다. 고등학교 단계에서는 가정배경이 동일하다고 하더라도 시골 지역에 거주하는 학생들보다 도시 지역에 거주하는 학생들이 비교적 높은 학업성취도를 획득하는 것이다.

3) 가정배경을 통제한 후에 나타나는 도시 지역과 시골 지역 사이 학업성취도 격차는 지역의 학교와 교육 환경 차이, 시골 지역 우수 학생의 이동이라는 두 가지 요인에 의한 것이다. 지역의 학교나 교육 환경에 의한 효과가 존재하는지 확인하기 위하여 회귀분석을 실시하였다. 9월 학업성취도를 종속변인으로 하고 가정배경, 6월 학업성취도, 지역 변인을 차례로 투입하였다. 분석 결과 가정배경과 6월 학업성취도를 통제 하더라도 9월의 학업성취도는 도시 지역에 거주하는 학생들이 시골 지역에 거주하는 학생들보다 높게 나타나고 있음을 확인하였다. 이는 동일 학생이라도 거주 지역에 따라 다른 학업성취도를 보인다는 것으로 지역의 학교와 교육 환경 효과를 보여주는 것이다. 이러한 효과를 만들어내는 지역의 학교와 교육 환경의 차이를 통계자료와 면담자료를 통하여 확인하였으며, 지역의 인적 자원, 교사와 동료집단, 고등학교의 분포와 학원시설의 분포에서 도시 지역이 시골 지역보다 좋은 교육 환경을 가지고 있는 것으로 나

타났다.

　그러나 중학교 단계에서보다 고등학교 단계에서 지역 간 학업성취도의 격차가 크게 나타나는 이유에 대해서는 지역의 학교와 교육 환경 효과로 설명할 수 없는 부분이 있다. 이러한 부분은 고등학교 진학 단계에서 시골 지역의 우수한 학생들이 도시 지역으로 이동하는 현상으로써 설명해볼 수 있다. 중학교 3학년 학생들의 진학예정 고등학교 소재를 중심으로 시골 지역인 군 지역에서 도시 지역인 목포시로 진학하는 학생들과 군 지역에 잔류하는 학생들의 학업성취도의 차이를 t-검정을 통하여 분석하였다. 분석 결과 시 지역 고등학교로 진학하는 학생들이 군 지역 고등학교로 진학하는 학생들보다 모든 과목에서 유의미하게 높은 점수를 받고 있음을 확인하였다. 또한 진학예정 고등학교의 소재지를 기준으로 할 때, 도시 지역과 시골 지역 사이의 학업성취도 격차는 중학교 소재지를 기준으로 할 때보다 확대되는 사실을 확인하였다. 이러한 사실은 학생 이동 자체가 고등학교 단계에서 지역 사이의 학업성취도 격차를 확대시킬 수 있다는 것을 의미한다.

　4) 도시 지역과 시골 지역 사이의 학업성취도 격차와 그 원인인 교육 환경의 격차, 우수학생의 이동은 시골 지역의 교육 환경을 황폐화시키고 도시 지역과 시골 지역의 교육 환경 격차를 더욱 심화시키고 있다. 지역사회 구성원들은 도시 지역과 시골 지역의 학업성취도 격차를 근거로 도시 지역이 공부하는 데 더 도움이 될 것이라고 믿고 있다. 여기에 도시 지역의 사교육 시설이 더 풍부하다는 인식이 더해지면서 우수학생의 유출이 촉발되고 있는 것이다. 시골 지역의 학생 유출은 학령인구를 급속하게 감소시키고, 학교규모를 축소시켜 학교교사의 업무 부담을 증가시킨다. 또한 학생들에 대한 교사들의

기대수준이 낮아지고, 학생 동료집단의 질 저하로 학교교육 환경이 악화되고 있는 상황이다. 지역의 물리적 환경인 교육시설 측면에서 우수학생의 지속적인 유출은 시골 지역의 일반계 고등학교의 비율을 감소시키고, 실업계 고등학교의 비율을 증가시키며, 학교 외 교육시설의 부족을 초래한다. 이러한 일련의 문제들은 점차 도시 지역과 시골 지역 사이에 교육 환경 격차를 확대시킨다. 그리고 교육 환경의 격차는 다시 학생유출을 초래한다는 점에서 악순환 되고 있다.

도시 지역과 시골 지역 사이의 학업성취도 격차는 각 지역에 거주하는 학생들의 학교 성적에서만 비롯되는 것이 아니다. 그것은 가정 배경, 지역의 교육 환경 이외에 도시 지역의 교육 환경이 비교적 좋다는 인식에서 초래되는 학령인구의 이동에 의해서도 발생된다. 또한 학령인구의 이동은 도시 인근 시골 지역의 교육 환경을 더욱 황폐화시켜 결국 시골 지역의 교육 환경을 더욱 열악하게 만든다.

이 연구는 도시 지역과 시골 지역 사이에 존재하는 학업성취도 격차의 원인을 분석하려고 하였다. 분석 결과, 도시 지역과 시골 지역 사이에 존재하는 학업성취도 격차는 도시 지역의 교육 환경이 시골 지역의 교육 환경보다 학업성취에 유리하고 고등학교 진학단계에서 시골 지역의 우수한 학생들이 도시 지역으로 이동하기 때문에 나타나는 것으로 밝혀졌다. 학생 이동과 지역 사이의 교육 환경 격차는 서로 연관된 것으로, 시골 지역의 학생유출은 시골 지역과 도시 지역의 교육 환경 격차를 확대시키고, 이러한 격차는 다시 시골 지역 학생의 유출을 촉진시킬 것으로 예상되었다. 이러한 예상을 토대로, 악순환이 거듭되는 동안 시골 지역의 교육 환경은 전반적으로 황폐화될 수 있다는 문제가 연구를 통하여 제기되었다.

그러나 이 연구에는 몇 가지 한계가 있다. 이러한 한계는 앞으로

의 연구에서 보완되어야 할 것이다. 여기에서는 이 연구의 한계와
연구과정에서 얻게 된 문제의식을 근거로 후속연구에 대한 몇 가지
제언을 하려고 한다.

첫째, 학령인구의 이동과 지역 간 교육격차가 서로 연관되어 악순
환의 관계에 있는지 명확히 확인하기 위해서는, 지역 간 학업성취도
격차가 점차 확대되는지에 대한 종단적 자료조사와 연구가 필요하다.
현재의 실태를 분석하는 것만으로는 그 현상의 심화 과정이나 원인
을 명확하게 드러내기 어렵고 다가올 미래에 어떤 양상으로 나타날
것인가에 대한 예측이 불가능하다. 따라서 그 현상이 반복적인 현상
인지, 추이는 어떻게 변하고 있는 지에 대한 종단적인 연구가 필요
한 것이다. 이 연구에서 종단적 자료는 지역의 교육 환경 부분에 치
중되어 있었으며, 학업성취도에 대한 종단적 자료는 확보할 수 없었
다. 현재는 국가 수준의 학업성취도 자료가 여러 가지 이유에서 연
구자에게 공개되지 않고 있으며, 연구자가 개인적으로 확보하는 것
에도 한계가 있다. 학문적 차원에서 한국교육의 실태를 파악하고 미
래를 예측하며, 해결책을 모색하기 위하여 국가 수준 학업성취도 자
료의 공개가 필수적이다. 그것이 지역 간에 민감한 현안일 수 있다
면, 일정 정도 기간이 경과한 내용에 대해서라도 공개하여야 할 것
으로 생각된다.

둘째, 학령인구 이동과 관련하여 학령인구 이동의 시점(초, 중, 고
등학교)과 양태(진학단계의 이동, 재학 중 전학 등), 이동 지역과 경
로가 더욱 확장된 광범위한 연구가 필요하다. 이 연구에서는 중학교
단계에서 고등학교로 진학하는 과정과 관련된 이동 실태만 분석하였
다. 또한 연구대상 지역을 목포와 그 인근 지역이라는 특정 지역에
한정하고 있어서 현상의 보편성과 관련하여서는 한계를 가질 수밖에
없다. 학령인구의 이동이 지역 사이의 학업성취도 격차를 심화시키

고, 학령인구가 유출되는 지역의 교육 환경을 황폐화시킨다는 측면에서 이동의 원인, 시점, 이동하는 인구의 특성을 보다 광범위하게 파악할 필요가 있다. 뿐만 아니라 대상지역의 확대를 통하여 이러한 이동의 경향성을 파악할 필요도 있다. 연구의 확대는 지역별 상황－농어촌 특별전형과 같은 국가교육 정책, 고교입시(비)평준화제도와 같은 지역별 적용제도, 환수도권 지역 또는 섬지역 등과 같은 지역이 가진 환경의 특수성－에 따른 학생 이동현상 비교 측면에서도 필수적인 것이라 할 수 있다.

셋째, 학령인구 이동의 원인과 결과를 명확히 하기 위하여 교육 환경과 관련된 지표를 체계화시킬 필요가 있으며, 이외에 지역의 산업화, 국가 수준의 교육정책과 제도 등이 함께 고려되어야 한다.

학령인구 이동이 두드러진 지역들 사이의 교육 환경을 비교하여 그 차이가 학령인구 이동의 원인이라고 설명한 부분과 이러한 지역에서 일어난 교육 환경 변화를 학령인구 이동에 의한 것이라고 설명한 것은 논리적인 측면에서 연구의 한계점으로 지적될 수 있다. 면담을 통하여 지역 구성원들의 인식이 그렇다는 것을 확인하고 면담 내용을 토대로 논리적 한계를 보완하였으나, 교육 환경이 학생 이동에 미치는 영향력의 크기와 경로, 학생 이동이 교육 환경 변화에 미치는 영향력과 경로를 좀더 분명히 드러낼 필요가 있다. 이를 위하여 학생 이동과 관련된 지표를 체계화시키는 작업이 필수적으로 요청된다. 또한 학령인구의 이동은 학생 단독으로 이동한 것보다 가구의 이동과 함께 나타나는 것일 수 있으므로 일반적인 인구이동을 유발하는 요인에 대해서도 검토해보아야 한다. 지역의 산업화 정도나 주택 문제 등이 이에 속할 수 있으며, 국가의 경제정책이나 교육정책도 이에 해당된다고 하겠다. 즉 학생 이동이 심각하게 나타나는 지역과 그렇지 않은 지역의 실태와 원인을 총체적으로 분석하는 연구가 필요하다.

　이상 제시한 세 가지 제언이 한 번에 달성되기는 어려울 것이므로 국가 수준에서 지표를 체계화하는 작업과 함께, 자료 확보와 공개 노력이 병행되기를 기대한다. 그리고 이러한 노력은 지역 간 교육 환경의 실태 분석, 학업성취도 격차와 관련된 교육정책의 실제 효과, 지방자치 단체 수준에서 교육 환경 개선의 노력과 효과 등 세부적인 여러 주제에 대한 연구를 통하여 점진적으로 이루어져야 할 것이다.

# 참고문헌

강태중(2002). <u>교육불평등 완화방안 탐색 정책연구</u>. 국회 교육위원회.

고형일·이두휴(1997). "장거리 통근교사의 교직문화에 대한 연구". <u>교육사회학연구</u>. 7(2). 23-53.

고형일·정환금·이두휴(1995). "도시 지역과 농촌 지역 교사의 교직문화의 비교 연구". <u>교육사회학연구</u>. 5(1). 1-37.

김경근(1999). "교육성취에 대한 가족구성의 영향". <u>교육사회학연구</u>. 9(3). 1-23.

_____ "가족 내 사회적 자본과 아동의 학업성취". <u>교육사회학연구</u>. 10(1). 21-40.

김병성(1996). "한국 사회의 교육격차 결정 요인과 연구과제: 학력격차와 접근방향". <u>교육사회학연구</u>. 6(2). 205-221.

김병욱·김인홍·이두휴(1999). "광주·전남 지역 교육복지의 수준 분석". <u>교육사회학연구</u>. 9(3). 25-64.

김신일(2003). <u>교육사회학</u>. 서울: 교육과학사.

김양분 외(2003). <u>학교 교육 수준 및 실태 분석 연구: 고등학교</u>. 서울: 한국교육개발원.

김정숙(1999). "문화자본이 학업성취에 미치는 영향". 석사학위논문. 고려대학교.

김진규 외(1996). <u>학력평가 국제비교연구: TIMMS 본검사 질문지 분석 연구보고서</u>. 서울: 국립교육평가원

박희동(1998). "인구현상의 변화에 따른 학교 급별 학급규모 변화 전

망". 석사학위논문. 한국교원대학교.

신현곤(1998). "지역 간 인구이동 의사결정 요인에 대한 미시 – 행태적 접근: 로짓모형을 이용한 실증분석을 중심으로". 박사학위논문. 연세대학교.

유경문(1991). "인구이동의 결정 요인에 관한 실증분석: 한국의 경우 (1966-1985)를 중심으로". 경제학연구. 39(1). 113-138.

윤정일 외(1997). 과외실태조사연구. 서울: 한국교원단체총연합회.

윤종혁 외(2003). 고교 평준화 정책 적합성 연구(Ⅰ). 서울: 한국교육 개발원.

이두휴(2004). "농어촌지역 학교의 교직문화 연구". 교육사회학연구. 14(1). 69-99.

이은우(1993). "한국의 농촌·도시 간 인구이동에 관한 연구". 박사학 위논문. 서울대학교.

이종각(2002). 교육사회학총론. 서울: 동문사.

임연기 외(1993). 학생이동의 실상과 대책. 서울: 한국교육개발원.

장병문(1991). "가족단위 이농의 의사결정 요인". 국토계획. 62. 97-111.

조홍구(1987). "교육인구의 도시집중현상과 그 요인에 관한 연구". 경기행정논집. 2. 139-169.

차정민(2002). "문화적 자본과 학업성취의 관계: 서울시 고등학교 3학년 대상 조사 분석". 석사학위논문. 중앙대학교.

최홍석(1998). "한국의 도시 간 인구이동 결정 요인 연구: 1995년 인구센서스를 중심으로". 석사학위논문. 숭실대학교.

한대동 외(2001). "고등학생 학업성취에 대한 학교 효과와 과외효과의 비교연구". 교육사회학연구. 11(1). 33-54.

황성호(1995). "대도시 인근지역의 인구이동에 관한 연구: 대구시 인
　　근지역 국민학교 고학년 학생들의 인구이동을 중심으로". 석사
　　학위논문. 영남대학교.


목포시(1990;1991;1993-2001). 목포통계연보.

무안군(1990;1991;1993-2001). 무안통계연보.

영암군(1990;1991;1993-2001). 영암통계연보.

해남군(1990;1991;1993-2001). 해남통계연보.

통계청(1990;1995;2000). 인구주택 총조사 2% 자료.

통계청(1995-2002). 주민등록 통계를 이용한 인구이동 통계 원시자료.

한국교육개발원(1993;2003). 교육통계연보.

한국교육개발원. 교육통계DB.

한국교육과정평가원(1993-2002). 국가 수준 학업성취도 평가연구.


국제신문 2004. 1. 26일자 기사: "김해 고교 평준화 촉보 확산"

대전일보 2004. 3. 12일자 기사: "도·농 간 학력격차 줄어들 것"

대전일보 2004. 6. 23일자 기사: "'고교 평준화' 시민이 나섰다"

전라일보 2004. 3. 9일자 기사: "농어촌 학교 설립 팔 걷는다"


Baker, J. A.(1999). Teacher-student interaction in urban at-risk
　　classrooms: Differential behavior, relationship quality, and stu-
　　dent satisfaction with school. *The Elementary school Journal.*
　　100(1). 57-71.

Bidwell, C. E. and J. D. Kasarda(1980). Conceptualizing and measuring the effects of school and schooling. *American Journal of Education.* 88. 401-430.

Blau, P. and O. Duncan(1967). *The American Occupational Structure.* New York: Wiley.

Bourdieu, P.(1973). Cultural Reproduction and Social Reproduction. In *Knowledge, Education and Cultural Change.* ed. by R. Brown. London: Tavistock.

Brookover, W. et al.(1979). *School Social Systems and Student Achievement: School can make a difference.* New York: J. F. Bergin Publishers, Inc.

Carol, M., F. Harriet, and E. S. Jacquelynne(1989). Student / Teacher Relations and Attitudes toward Mathematics Before and After the Transition to Junior High School. *Child Development.* 60. 981-992.

Chubb, J. E. and T. M. Moe(1990). *Politics, Market, and America's school.* Washington, DC: Center for Education Statistics.

Coleman, J. S.(1988). Social Capital in the Creation of Human Capital. *American Journal of Sociology.* 94. 95-120.

Coleman, J. S., T. Hoffer, and S. Kilgore(1982). *High School Achievement: Public, Catholic and Private Schools Compared.* New York: Basic Books, Inc., Publishers.

Coleman, J. S et al.(1966). *Equality of educational opportunity. Washington* D.C.: US Government Printing Office.

Condron, D. J. and V. J. Roscigno(2003). Disparities Within: Unequal spending and achievement in an urban school district.

*Sociology of Education*. 76(1). 18-19.

DiMaggio, P. and J. Mohr(1985). Cultural Capital, Educational Attainment, and Marital Selection. *American Journal of sociology*. 90. 1231-1261.

Hansusheck, E.(1989). The Impact of Differential Expenditures on School Performance. *Educational researcher*. 18. 45-65.

Hedges, L. V., R. D. Laine, and R. Greenwald(1994). Does Money Matter? A Meta-Analysis of Studies of the Effects of Differential School Inputs on Student Outcomes. *Educational Researcher*. 23. 5-14.

Heinlein, L. M. and M. Shinn(2000). School mobility and student achievement in and urban setting. *Psychology in the Schools*. 37(4). 349-357.

Jencks, C. et al.(1972). *Inequality: A Reassessment of the Effect of Family and Schooling in America*. New York: Basic Books.

Johnson, K. M. and G. V. Fuguitt(2000). Continuity and Change in Rural Migration Patterns 1950-1995. *Rural Sociology*. 65(1). 27-49.

Kennedy, E.(1992). A multilevel study of elementary male and black students and white students. *Journal of Educational Research*. 86. 105-110.

Lyson, T. A.(1986). Migration Selectivity and Early Adult Attainments. *Rural Sociology*. 51. 328-342.

Morgan, W. R.(1983). Learning and student life quality of public and private school youth. *Sociology of Education*. 56. 187-202.

Neal, D.(1997). The effects of catholic secondary Schooling on Educational achievement. *Journal of Labor Economics.* 15(1). 98-123.

Noell, J.(1982). Public and Catholic Schools: A reanalysis of 'public and private schools'. *Sociology of Education.* 55. 123-132.

Putnam, R. D.(2001). Community based social capital and educational performance. In *Making good citizens: education and civil society.* ed. by D. Ravitch and J. P. Viteritti, New Haven: Yale university press. 58-95.

Roscigno, V. J. and J. W. Ainsworth-Darnell(1999). Race, Cultural Capital, and Educational Resource: Persistent Inequalities and Achievement. *Sociology of Education.* 72(July). 158-178.

Rutter, M. et al.(1979). *Fifteen thousand hours: secondary schools and their effects on children.* Cambridge, Mass: Harvard University Press.

Sewell, W., R. Hauser, and W. Wolf(1980). Sex, Schooling, and Occupational Status. *American Journal of Sociology.* 86. 551-583.

Strand, S. and N. Nelson(2002). Pupil Mobility, Attainment and Progress During key Stage 1: a study in cautious interpretation. *British Education Research Journal.* 28(1). 63-78.

Tucker, C., J. Marx, and L. Long(1998). Moving On: Residential Mobility and children's School Lives. *Sociology of Education.* 71(April). 111-129.

Waller, G. A.(1998). *For want of a modem and a comfortable chair:*

*A research note*. American Journal of Political Science. 42(2). 705-709.

Willms, J. D.(1985). Catholic-School effects on academic achievement: New evidence from the high school and beyond follow-up study. *Sociology of Education*. 58. 98-114.


Internet Document

전라남도청 홈페이지. http://www.jeonnam.go.kr(2004. 5. 10)

목포시청 홈페이지. http://www.mokpo.go.kr(2004. 5. 10)

무안군청 홈페이지. http://muan.go.kr(2004. 5. 10)

영암군청 홈페이지. http://yeongam.go.kr(2004. 5. 10)

해남군청 홈페이지. http://www.haenam.jeonnam.kr(2004. 5. 10)

· 저자 ·

오성배 　· 약 력 ·

중앙대학교 교육학과에서 공부하였으며, 현재는 한국학술진흥재단 선정
'박사후 국내 연수'(Post-Doc.) 과정(서강대학교) 중에 있다. 중앙대학교와
서강대학교, 제주대학교 등에서 교육학 관련 과목을 가르치고 있으며, 관
심분야는 '교육과 사회계층', '교육정책의 사회학', '교육열', '다문화 교육'
등이다.

· 주요논저 ·

「지역간 학업성취도 격차 원인 분석」
「사립대학 팽창 과정 탐색」
「지역인적자원 이동의 의미 고찰」
「코시안(Kosian) 아동의 성장과 환경에 관한 사례 연구」
「한국 사회의 소수 민족(ethnic minority), '코시안'(Kosian) 아동의 사례를
　통한 다문화 교육의 방향 탐색」
외 다수

## 도시와 시골의 학교 교육
### - 기회 격차 연구 -

| | |
|---|---|
| · 초판 인쇄 | 2006년 10월 30일 |
| · 초판 발행 | 2006년 10월 30일 |
| · 지 은 이 | 오성배 |
| · 펴 낸 이 | 채종준 |
| · 펴 낸 곳 | 한국학술정보㈜ |
| | 경기도 파주시 교하읍 문발리 526-2 |
| | 파주출판문화정보산업단지 |
| | 전화　031) 908-3181(대표)·팩스　031) 908-3189 |
| | 홈페이지　http://www.kstudy.com |
| | e-mail(출판사업부)　publish@kstudy.com |
| · 등　　록 | 제일산-115호(2000. 6. 19) |
| · 가　　격 | 20,000원 |

ISBN　89-534-5888-9 93370 (Paper Book)
　　　　89-534-5889-7 98370 (e-Book)